Illustrations de Nishan Akgulian

Moins courir pour mieux apprécier la vie

MAMAN AU TRAVAIL

[GUIDE DE SURVIE]

Suzanne Riss et Teresa Palagano

PRÉFACE DE MICHELE BORBA

Parfum d'encre

Retour au
travail

2

3

Survie en
milieu de travail

4

Alliances
stratégiques

Quand les enfants grandissent

7

Travailler
n'importe où

10

Moins de corvées pour les mamans qui travaillent

J'ai toujours eu des activités professionnelles quand mes fils étaient petits : enseignante, psychologue scolaire, experte en enfance et en éducation familiale, conseillère et écrivaine. J'ai toujours éprouvé une grande joie à avoir une carrière, mais à l'époque j'aurais souhaité pouvoir disposer de ce guide pour m'aider à trouver un équilibre. Je me serais moins abonnée au mode multitâche, j'aurais davantage été dans le moment présent et fait de mon temps personnel une priorité. J'aurais trouvé plus facile d'admettre que j'aimais beaucoup mon métier. Je me vois dans les pages de ce livre et je sais que les défis, les frustrations, les gratifications et les joies qui y sont abordés seront immédiatement reconnus par les mamans qui travaillent.

En tant que parents, nous faisons tout notre possible pour aider nos enfants à être heureux. Mais de nombreux parents, en particulier les mamans qui travaillent, croulent sous la pression. Parfois, nous ne savons plus quoi prioriser ni quoi laisser passer entre famille et carrière.

Et tandis que nous nous efforçons d'être de formidables mères, professionnelles, conjointes, amies, nous ne pouvons pas être formidables dans tout chaque jour. Ce qui peut aider, par contre, c'est de faire des choix raisonnables, de trouver des raccourcis qui nous facilitent la vie, d'accepter d'avoir une maison qui ne soit pas immaculée et de tirer avantage des stratégies de mères qui ont déjà connu tout cela.

Le présent livre, rédigé par Suzanne Riss et Teresa Palagano, est, vous le constaterez vite, un outil de référence pour les mamans

qui travaillent, car il déborde de conseils et d'outils. Inspirant
et édifiant, cet ouvrage vous aidera à faire preuve d'humour et
à prendre du recul face aux difficultés. Vous découvrirez des
stratégies utiles sur tout : du pilotage de votre carrière pendant
que vous élevez des enfants à l'établissement de réseaux de
soutien pour disposer d'un solide filet de sécurité quand les
inévitables crises vous tombent dessus. Vous trouverez çà et
là dans l'ouvrage des conseils d'économie de temps et ils vous
permettront de vous consacrer plus à votre famille.

J'ai collaboré au magazine *Working Mother* pendant de
nombreuses années en rédigeant des articles concernant
aussi bien l'éthique du comportement que la préparation de
votre enfant pour lui éviter d'être tyrannisé à l'école primaire.
La fierté que les auteures du présent ouvrage éprouvent à
travailler, à contribuer financièrement aux besoins de leur
famille respective et à servir de modèles à leurs enfants, est
palpable et fera sans aucun doute vibrer vos cordes sensibles.
Suzanne et Teresa vous convaincront qu'être maman peut
être un atout au travail. Elles vous feront prendre conscience
que le travail est bénéfique pour votre santé et votre estime
personnelle. Alors, préparez-vous ! Votre ego risque de monter
en flèche pendant que vous lirez ces pages.

Souvent, nous pensons que nos enfants devraient passer moins
de temps devant le téléviseur, mais nous ne réalisons pas que
celui que nous passons nous-mêmes devant un écran peut les
affecter. Vous trouverez dans cet ouvrage des conseils réalistes
pour décrocher du travail et disposer ainsi de plus de temps
avec vos enfants. Douce, la méthode des auteures propose
des solutions simples pour aider concrètement les mamans à
trouver l'équilibre entre maison et travail.

Suzanne et Teresa reconnaissent que les mères qui travaillent mettent souvent de côté leurs propres besoins. Quand vous serez arrivée au dernier chapitre de ce livre, vous vous sentirez moins angoissée et moins coupable, car vous aurez enfin compris que se dorloter est un geste altruiste. Les mères heureuses apportent davantage de joie dans leur foyer.

De nos jours, pour un nombre grandissant de femmes, le travail fait partie intégrante de la quête du bonheur. Et bien entendu, si vous voulez apprendre à vos enfants à devenir autonomes et à trouver ce qui les passionne, vous leur servirez de modèle en faisant de même.

Michele Borba, collaboratrice à l'émission *Today*

Transmettre l'information, d'une maman à une autre

Je me souviens qu'au cours d'une conversation téléphonique visant à mettre la touche finale à un chapitre de notre livre, nous devions sans cesse intervenir : « Jay, laisse tomber cette épée tout de suite », « Jack, mon chéri, as-tu vu le chapeau de Woody ? » Une fois que le cow-boy au pistolet pétaradant eut rajusté son chapeau rouge sur sa tête et que les chevaliers de cape et d'épée furent séparés, nous avons pu reprendre le travail. Du moins, jusqu'à ce que mon interlocutrice fulmine parce que « Zut ! les raviolis sont en train d'éclater ! »

Teresa et moi avons toutes deux travaillé pour le magazine *Working Mother* depuis que nos fils, Jack et Jay, étaient bambins et jusqu'à ce qu'ils aient sept ans. Dans le cadre de la préparation de chaque numéro, nous avons eu la chance de sonder nos propres préoccupations, dilemmes et frustrations pour en faire le sujet de nos articles, ainsi que de trouver des solutions pratiques. Que doit faire une maman qui travaille quand son enfant lui demande : « Pourquoi est-ce que je dois aller au service de garde après l'école ? Pourquoi ton téléphone n'arrête pas de sonner ? »

Nos discussions sur nos enfants et nos carrières nous ont amené à découvrir ce qu'il faut faire et ne pas faire dans un grand nombre de situations. Tout en apprenant certaines stratégies auprès des experts que nous consultons ou dans les études qui atterrissaient sur nos bureaux respectifs, ainsi qu'auprès des milliers de mamans dont nous nous inspirions grâce à notre forum de lectrices. Tout y est passé. De la négociation des horaires flexibles à comment défroisser une blouse sans fer à repasser (petit truc : adoucisseur à vêtements en vaporisation).

Le présent livre est né de notre désir de transmettre au plus grand nombre de femmes possible la profusion d'informations que nous détenions.

Il existe une autre raison pour laquelle nous avons voulu diffuser ces informations. Les mères constituent actuellement les principaux pourvoyeurs ou pourvoyeurs en parts égales dans presque deux tiers des familles américaines. Et, selon le Bureau américain du recensement, près de 10 millions de mères célibataires élèvent leurs enfants seules, alors qu'il n'y en avait que 3,4 millions en 1970.

Contrairement à ce qui se passait lorsque nos mères nous élevaient, époque où les mères au travail étaient l'exception plutôt que la norme, de nos jours, 72 % des mères américaines ont un emploi à temps plein ou à mi-temps. Il existe des entreprises qui ont à cœur le bien-être des familles de leur personnel, mais les horaires flexibles et le télétravail sont encore inconnus de la plupart des employeurs. Nous avons donc pensé qu'un guide de survie des temps modernes pourrait montrer aux femmes comment être en même temps des mamans pleines de compassion et des employées formidables sans sombrer dans un enchevêtrement d'exigences et de besoins contradictoires.

Lorsque nous avons pris le temps d'élaborer ce guide, nous avons aussi interviewé nos propres mères. Suzanne descend d'une longue lignée de mères qui ont travaillé : son arrière-grand-mère tenait une mercerie, une de ses grands-mères enseignait en quatrième année et l'autre était médecin.

En retraçant l'histoire de la vie professionnelle de sa mère, Suzanne a réalisé que celle-ci était une pionnière, car elle a totalement assumé sa carrière et l'a adaptée à sa vie. À l'inverse de la plupart de ses camarades de classe féminines d'université, qui, une fois leur diplôme en poche, se mariaient et faisaient des enfants, la mère de Suzanne, une fois son diplôme obtenu, a commencé à travailler comme auxiliaire dans un hôpital, ensuite comme lectrice d'épreuves dans le domaine juridique et, enfin, comme directrice de la gestion financière. Quand elle s'est mariée et a envisagé d'avoir des enfants, elle a mis sur pied une entreprise de rencontres matrimoniales par ordinateur, ce qui lui permettait de mieux contrôler son temps. Une fois les enfants envolés du nid, elle est retournée étudier pour devenir psychanalyste. Quand Suzanne avait 10 ans, elle savait déjà qu'elle travaillerait un jour. Suivant les traces de la carrière polyvalente de sa mère, elle décida alors de devenir une patineuse professionnelle qui serait propriétaire d'une boutique de fleurs et reporter.

Quant à Teresa, elle s'est demandé comment sa mère arrivait à conjuguer parfaitement travail et famille. Comment a-t-elle réussi à soigner les genoux écorchés et les cœurs brisés, à économiser pour aller à l'université, à parler de sexualité à ses six enfants tout en travaillant à temps plein comme représentante commerciale d'abord et, plus tard, comme infirmière auprès de personnes âgées ? Voici le secret que sa mère lui a révélé : « J'ai bu beaucoup de thé. »

Aujourd'hui, nous qualifions ce genre de pauses de « temps pour soi ». Ce guide vous rappellera à de multiples reprises de prendre soin de vous. Nous allons vous aider à accepter l'imperfection, à renoncer au sentiment de culpabilité et à accepter de l'aide. Aménager des raccourcis et modifier les choses lorsque la vie ne tourne pas rond, c'est exactement ce qu'il faut faire non seulement pour survivre, mais aussi pour s'épanouir. Personne ne peut garantir que vous ne recevrez plus d'appels professionnels le week-end et que vos enfants joueront toujours paisiblement dans un coin, mais nous espérons que, malgré les épisodes de chaos, les conseils donnés dans ce livre vous aideront à rester calme pendant que vous composerez le numéro de la pizzeria du coin.

Suzanne Riss et Teresa Palagano

Voici ce que vous nous avez dit

Pour utiliser la sagesse des mères, *Working Mother* a mené un sondage en ligne et 1 053* d'entre elles ont pris le temps de répondre aux questions suivantes :

Quel âge avez-vous ?

18–24 ans **1,7 %**		40–44 ans **20,8 %**
25–29 ans **8,5 %**		45–49 ans **12,1 %**
30–34 ans **19,1 %**		50 ans ou + **14,7 %**
35–39 ans **23,1 %**		

Jusqu'où vous êtes-vous rendue dans vos études ?

Études secondaires non complétées **0,9 %**

Études secondaires complétées **8,8 %**

Études collégiales non complétées **23,6 %**

Études collégiales complétées **32,9 %**

Université (baccalauréat) **5,5 %**

Université (maîtrise) **20,7 %**

Université (doctorat) **1,6 %**

Autres diplômes professionnels **5,9 %**

Combien d'enfants de moins de 18 ans avez-vous ?

1 **33,1 %**	4 **3,4 %**
2 **36,9 %**	5+ **1,3 %**
3 **12,5 %**	Mes enfants ont plus de 18 ans **12,7 %**

Quel est l'âge de vos enfants de moins de 18 ans ?

Moins d'un an **9,1 %**	10–12 ans **26 %**
1–3 ans **39,8 %**	13–15 ans **21,1 %**
4–6 ans **42,4 %**	16–17 ans **12,4 %**
7–9 ans **33,2 %**	

* Sondage réalisé aux États-Unis.

Quel est votre état matrimonial actuel?
Mariée **79 %**
Séparée, divorcée **10,4 %**
Célibataire **7,2 %**
En couple, mais non mariée **2,8 %**
Veuve **0,5 %**

Quel énoncé décrit le mieux votre situation professionnelle?
Employée à temps plein (plus de 30 heures par semaine) **62,5 %**
Employée à mi-temps (moins de 30 heures par semaine) **10,6 %**
Sans emploi : temporairement au chômage **3,8 %**
Sans emploi : étudiante **1,2 %**
Sans emploi : retraitée **2,8 %**
Sans emploi : femme au foyer **16,3 %**
Autre **2,8 %**

Travaillez-vous à votre compte? (Femmes employées et
temporairement au chômage)
Oui **10,4 %**   Non **89,6 %**

Quel poste occupez-vous?
Gestionnaire ou administratrice **26,6 %**
Professionnelle (médecin, avocate, etc.) **23 %**
Commis ou secrétaire **16 %**
Cadre, cadre supérieure, propriétaire, associée **8,8 %**
Commerciale **5,5 %**
Services techniques, services de soutien **4,5 %**
Autre **15,6 %**

Quel est votre revenu annuel personnel (femmes employées)?
Moins de 20 000 $ **6 %**
De 20 000 $ à 29 999 $ **7,3 %**   De 75 000 $ à 99 999 $ **14,4 %**
De 30 000 $ à 39 999 $ **10 %**   De 100 000 $ à 149 999 $ **11,8 %**
De 40 000 $ à 49 999 $ **11,3 %**   De 150 000 $ + **4,9 %**
De 50 000 $ à 74 999 $ **23 %**
Ont préféré s'abstenir de répondre **11,3 %**

1

Arrivée du bébé

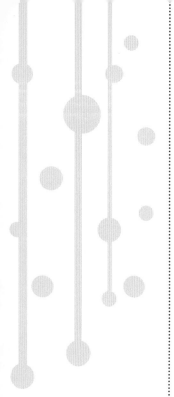

Dès l'instant où se dessine le signe +, tout change. Vous allez être maman! Dépassée, vous dîtes? Même si vous avez un bon neuf mois pour vous habituer à l'idée, vous devez composer avec tous les changements inhérents à la grossesse (zut!) qui font immédiatement tanguer la barque au travail (re-zut!).

Heureusement que bien des mamans sont passées par là avant vous. Voici comment aborder certains des plus grands défis que les femmes enceintes et les mamans au travail doivent affronter.

Annoncer la nouvelle à votre patron

Annoncer la bonne nouvelle aux membres de la famille et aux amis est un grand moment de bonheur. Tout le monde sourira, vous donnera une accolade ou peut-être même pleurera. Par contre, il est probable que votre patron et vos collègues n'éprouvent pas autant d'enthousiasme. On craindra peut-être que vous ne reveniez pas travailler après l'accouchement. On remettra peut-être en question votre degré d'engagement face à vos obligations professionnelles. Même si vous n'avez pas à vous sentir obligée d'annoncer la nouvelle jusqu'au moment où vous serez fin prête, vous saurez que vous aurez trop attendu si les gens commencent à glisser en douce dans votre sac des dépliants de Weight Watchers. Pour annoncer la nouvelle au bon moment, nous vous proposons de suivre les directives suivantes:

Avant d'annoncer publiquement la nouvelle, renseignez-vous sur les congés de maternité, de paternité et sur le congé parental (voir page 17) et étudiez les régimes de base ainsi que les régimes particuliers pour savoir ce qui vous convient le mieux.

8 semaines. Si vous avez des nausées importantes, que votre grossesse est à risque, que votre travail est fatigant physiquement, informez-en sans tarder votre employeur, car vous devrez possiblement prendre davantage de journées de congé que prévu.

Si vous travaillez à votre compte, il est bon de planifier dès la huitième semaine de grossesse lesquels de vos contrats devront être terminés avant l'arrivée de bébé et de chercher un remplaçant. Avertissement pour les nouvelles mamans : il n'est pas réaliste de penser que vous pourrez travailler pendant que bébé fera la sieste.

12 semaines. La plupart des femmes n'annoncent à leurs collègues qu'elles sont enceintes qu'une fois le risque de fausse-couche passé. Environ 80 % se produisent au cours des 12 premières semaines de grossesse.

20 semaines. Après ce délai, difficile de camoufler sa grossesse, même avec toute la créativité du monde.

Comment passer à travers votre journée

La grossesse est une magnifique expérience avec des côtés moins séduisants : entre autres des varices, des flatulences, des ballonnements, des hémorroïdes, de l'acné et de l'œdème aux chevilles. Sans parler de l'épuisement chronique. Former un nouvel être humain à l'intérieur de soi exige beaucoup d'énergie et engendre de profondes transformations physiques. Voici comment composer avec la situation :

Notre sondage

De combien de semaines étiez-vous enceinte lorsque vous l'avez annoncé à votre patron ?

36 %
Moins de 12 semaines

55 %
Entre 13 et 20 semaines

9 %
Plus de 21 semaines

Couchez-vous au moins une heure plus tôt. Si vous aviez l'habitude de vous mettre au lit vers 22 heures, ne soyez pas surprise si vous vous traînez vers votre matelas aux environs de 20 heures. Essayez de faire de petites siestes au cours de la journée. Si votre bureau est équipé d'une porte, fermez-la et reposez-vous, quitte à mettre un réveil. Sinon, sortez discrètement de l'immeuble pour aller vous glisser sur la banquette arrière de votre voiture dans le stationnement.

Mangez pour vous donner de l'énergie. Lorsque l'envie vous prend d'engloutir un demi-litre de crème glacée au chocolat, tentez de résister. Ce sont plutôt les protéines, les céréales complètes, les fruits et les légumes qui vous requinqueront.

Hydratez-vous. Buvez beaucoup d'eau, car celle-ci transporte les éléments nutritifs vers votre bébé par la voie de votre sang. Une bonne hydratation amoindrit le risque de déclenchement de fausse-couche ou de travail avant terme. Cela peut également aider à soulager la nausée.

Faites de l'exercice. Essayez de faire des pauses afin de vous étirer et de marcher, ne serait-ce que pendant 5 ou 10 minutes. Testez le yoga prénatal ou la natation. L'exercice léger peut prévenir la rétention d'eau, vous redonner de l'énergie et améliorer votre sommeil.

Éviter la nausée

Évitez les gros repas et grignotez à petites doses au cours de la journée. Éliminez les aliments gras, épicés, acides ou frits. Votre estomac vous en saura gré. Ayez toujours sous la main des amandes ou des biscuits salés. Consommez du vrai gingembre : sous forme de bonbons, de thé, de soda.

Il se pourrait que votre nez rivalise avec celui d'un fin limier. Puisqu'il se dégage davantage d'arômes des aliments chauds, essayez de manger plutôt des aliments froids ou tièdes. Et tenez-vous loin des odeurs intenses.

Quel congé choisir ?

Le Régime québécois d'assurance parentale (RQAP) est un remplacement de revenu, il faut donc avoir touché un revenu de travail pour y avoir droit. La durée totale du congé de maternité et parental est de 50 semaines maximum.

Le congé de maternité et de paternité au Québec

La maman peut prendre 18 semaines de congé de maternité et être payée à 70 % de son salaire (régime de base) ou 15 semaines payées à 75 % (régime particulier). Il peut débuter la 16e semaine précédant la semaine où est prévu l'accouchement. Le papa choisit de rester près du bébé pendant 5 semaines et reçoit 70 % de sa paie ou 3 semaines à 75 %. Ce congé commence au plus tôt la semaine de la naissance de l'enfant et se termine au plus tard 52 semaines après la naissance du bébé.

Est-ce que je prends un congé parental ?

Le congé parental est partageable entre les deux parents, là aussi deux options s'offrent à vous : le régime de base et le régime particulier. La première prestation vous permet d'obtenir 7 semaines de congés et représente 70 % de votre salaire, puis 25 semaines où la RQAP vous versera 55 % de votre paie. Avec le régime particulier, vous obtenez 75 % de votre salaire, mais sur une période plus courte : 25 semaines.

Selon le CGAP (Conseil de gestion de l'association parentale), parmi les nouveaux parents, de janvier à mars 2012, 78,8 % avaient choisi le régime de base tandis que seulement 21,2 % ont préféré le régime particulier.

Pour plus de renseignements, consultez le site **www.rqap.gouv.qc.ca**

Cessation graduelle du travail

La planification peut éliminer beaucoup de stress au cours des semaines qui précèdent votre congé de maternité.

20 semaines. Dressez une liste exhaustive de toutes vos responsabilités, à court et à long terme. Placez-les par ordre de priorité.

25 semaines. Discutez avec votre patron pour savoir comment on prendra votre relais pendant votre congé de maternité.

27 semaines. Recommandez les personnes qui pourront le mieux assumer vos responsabilités professionnelles. Accordez d'abord votre attention aux plus importantes.

30 semaines. Informez tous vos contacts commerciaux de la nouvelle organisation pendant votre congé de maternité et de la personne avec laquelle ils devront communiquer.

31 semaines. Ramenez petit à petit les objets personnels que vous ne voulez pas laisser au bureau.

32 semaines. Décidez quel sera votre dernier jour officiel de travail et informez-en toutes les personnes concernées.

33 semaines. Formez les personnes qui vous remplaceront et commencez à leur déléguer vos tâches.

34 semaines. Préparez-vous mentalement à la fête qui pourrait être organisée pour vous et votre bébé! Rédigez des notes de remerciements, car vous n'aurez pas le temps d'écrire une fois que bébé sera né.

S'habiller pour faire bonne impression

Votre première visite à la boutique spécialisée en vêtements de maternité vous donnera peut-être l'impression de débarquer sur la planète Mars. Mais comme vous êtes une femme qui travaille, vous voulez continuer à être aussi soignée que d'habitude. Voici quelques astuces :

- Portez des pantalons ou des jupes de maternité à la ceinture très large et ajustable. De cette façon, vous éviterez que votre ventre saille de façon incongrue. Aussi, investissez dans des bandes de maternité qui vous permettent de porter vos pantalons pendant plus longtemps. Également utiles après l'accouchement.

- Achetez de jolis vêtements de base dont les couleurs vous avantagent et s'harmonisent entre elles.

- Choisissez des hauts, des robes et des tuniques à taille empire. Vous serez contente de pouvoir les porter après l'accouchement. Il serait bon que vous en achetiez de différentes tailles puisque vous prendrez graduellement du poids pendant et après votre grossesse.

- Mettez l'accent sur les accessoires ! Foulards colorés, colliers avec breloques et bracelets peuvent donner beaucoup d'allure et reporter l'attention ailleurs que sur votre ventre.

- N'oubliez pas : il n'est jamais convenable d'exposer son ventre au travail, enceinte ou pas.

La paperasserie des futurs parents

Les futurs parents doivent se soumettre à quelques tâches nécessaires. Ce n'est pas aussi agréable que de choisir la couleur de la chambre du bébé, mais, comme pour la déclaration de revenus, on ne peut pas y échapper. Vous vous sentirez beaucoup mieux une fois que ce sera terminé.

Entre mamans

« Je pensais que je rentrerais dans mes vêtements d'avant une fois mon bébé né. Dieu du ciel que j'avais tort ! »

Qui gardera mon enfant ?

Le genre de garde d'enfant que vous choisirez dépendra de l'âge de votre enfant, si vous préférez la garde privée ou en groupe, le prix, les horaires et la commodité. Allez sur place et demandez des références. Servez-vous du diagramme ci-dessous pour trouver votre meilleure option :

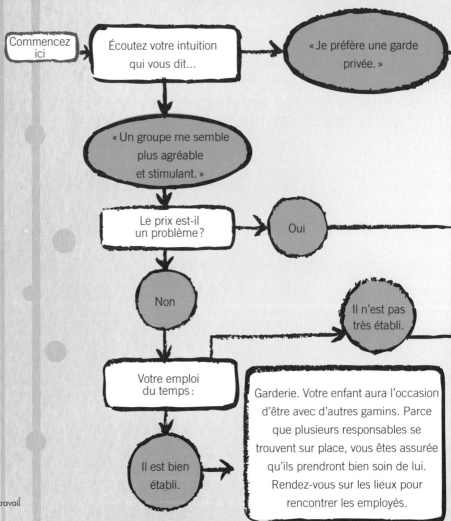

Commencez ici

Écoutez votre intuition qui vous dit...

« Je préfère une garde privée. »

« Un groupe me semble plus agréable et stimulant. »

Le prix est-il un problème ?

Oui

Non

Il n'est pas très établi.

Votre emploi du temps :

Il est bien établi.

Garderie. Votre enfant aura l'occasion d'être avec d'autres gamins. Parce que plusieurs responsables se trouvent sur place, vous êtes assurée qu'ils prendront bien soin de lui. Rendez-vous sur les lieux pour rencontrer les employés.

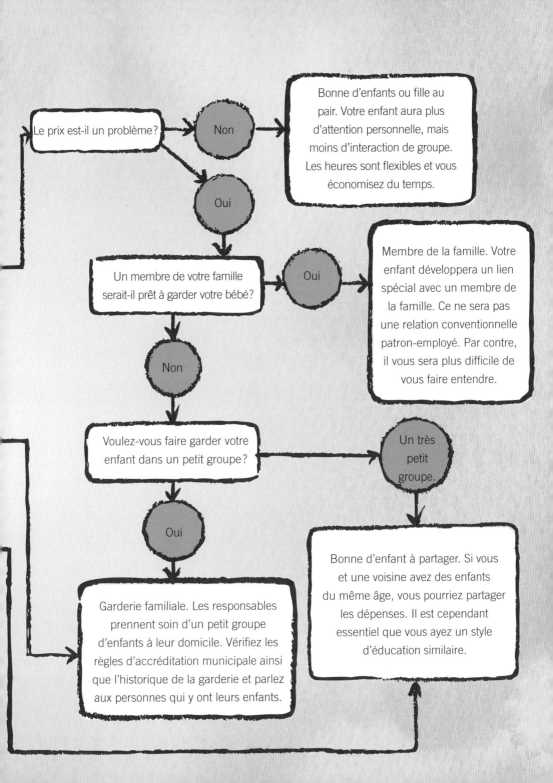

Le prix est-il un problème?

Non → Bonne d'enfants ou fille au pair. Votre enfant aura plus d'attention personnelle, mais moins d'interaction de groupe. Les heures sont flexibles et vous économisez du temps.

Oui

Un membre de votre famille serait-il prêt à garder votre bébé?

Oui → Membre de la famille. Votre enfant développera un lien spécial avec un membre de la famille. Ce ne sera pas une relation conventionnelle patron-employé. Par contre, il vous sera plus difficile de vous faire entendre.

Non

Voulez-vous faire garder votre enfant dans un petit groupe?

Un très petit groupe.

Oui

Garderie familiale. Les responsables prennent soin d'un petit groupe d'enfants à leur domicile. Vérifiez les règles d'accréditation municipale ainsi que l'historique de la garderie et parlez aux personnes qui y ont leurs enfants.

Bonne d'enfant à partager. Si vous et une voisine avez des enfants du même âge, vous pourriez partager les dépenses. Il est cependant essentiel que vous ayez un style d'éducation similaire.

Ça regarde tout le monde

Pendant votre grossesse, votre entourage vous procurera du soutien et toutes sortes de renseignements que vous apprécierez beaucoup. Toutefois, vous devez vous préparer à entendre aussi toutes sortes d'anecdotes, par exemple :

Histoires d'enfant. Il y a une histoire pour chaque naissance. Et pour chaque histoire, il y a une maman qui pense que vous devez entendre la sienne. Certaines sont utiles. Par contre, les récits de nouveaux-nés qui ne dormaient que 10 minutes par jour ne le sont pas. Au bureau, protégez-vous en évitant le contact visuel avec les gens négatifs et poursuivez votre chemin. En portant des écouteurs, vous signalerez aux gens de vous laisser tranquille.

Conseils. Vu que votre mère ou une tante n'ont pas eu à travailler quand elles étaient enceintes ou quand elles avaient de jeunes enfants, pourquoi le devriez-vous ? Hum, aussi, elles fumaient et aimaient s'offrir quelques apéritifs. Parce que les conseils peuvent aller du fantasque à l'absurde, vous devez faire entrer en action votre filtre de nouvelle maman.

Questions. Votre patron et vos collègues n'ont pas besoin de savoir ce que vous pensez de l'accouchement naturel. Évitez les questions indiscrètes en restant vague : « Nous verrons bien comment cela se passera. »

Commentaires. Si jamais une personne de plus vous dit qu'on dirait que vous allez avoir des jumeaux, vous allez éclater en sanglots. Pour éviter de vous retrouver en larmes aux toilettes, préparez quelques répliques imparables et, une fois le désagrément passé, n'oubliez pas de raconter le tout à votre meilleure amie pour pouvoir en rire avec elle.

Rédigez votre testament. Sous sa forme la plus simple, un testament est un document légal qui désigne les tuteurs légaux de votre enfant advenant le cas où quelque chose arriverait à vous et à votre conjoint. Avertissement : la rédaction d'un testament peut conduire à des conversations conjugales difficiles : «Il n'est pas question que ta sœur ait les enfants! Sa maison pue le fromage!» Et assurez-vous de vérifier auprès des personnes que vous aurez choisies comme tuteurs si elles sont d'accord avant que cela devienne officiel.

Assurance vie. Il se pourrait que votre employeur vous procure une assurance vie dans le cadre de vos avantages sociaux. Toutefois, la plupart des parents devraient contracter une autre assurance vie temporaire. Adressez-vous à un conseiller en finances pour déterminer quel montant serait le plus approprié pour couvrir les besoins de votre famille. En général, on compte un montant correspondant à dix fois le salaire annuel.

Économies. Un plan conventionnel d'épargne peut réduire votre stress et vous couvrir en cas d'urgence. Il est bon de mettre de côté l'équivalent de six mois de dépenses. Ce n'est qu'une fois que vous rentabiliserez au maximum vos économies de retraite dans un portefeuille libre d'impôt que vous pourrez placer de l'argent pour les études universitaires de bébé. N'oubliez pas que votre enfant pourra contracter un emprunt pour se payer l'université et que vous êtes la seule à pouvoir cotiser pour votre retraite.

Combattre la peur

Vous êtes tranquillement installée à votre bureau lorsque, d'un coup, les images idylliques de bébé cèdent la place à des images catastrophiques. Ne faites pas de recherches sur Google en ce qui concerne ces situations ombrageuses. Par contre, sélectionnez un ou deux livres ou sites de bonne réputation sur la grossesse. Ces derniers vous fourniront des réponses fiables. Ne vous en faites pas, ces pensées sombres occasionnelles sont normales chez les femmes enceintes.

Quelle était votre plus grande peur lorsque vous étiez enceinte ?

Les trois principales réponses :

63 %
La santé de mon bébé

15 %
« Serai-je une bonne mère ? »

10 %
Les ennuis financiers

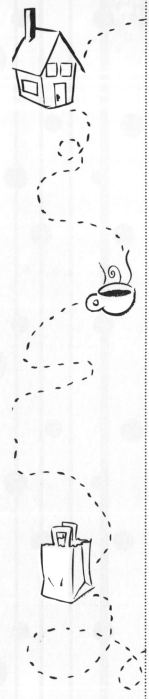

Compte à rebours avant le retour au travail

4 semaines. Assurez-vous d'avoir la situation en main en ce qui concerne la garde de votre enfant. Ayez en tête votre organisation et assurez-vous d'avoir une solution de rechange, et une autre, et encore une autre.

3 semaines. Si vous décidez de ne pas prendre de congé parental et de retourner au travail après votre congé de maternité : voyez si certains vêtements peuvent encore faire l'affaire, si vous pouvez en emprunter ou si vous avez besoin d'acheter quelques habits de base jusqu'à ce que vous retrouviez votre poids idéal. Assurez-vous d'avoir un soutien-gorge confortable. Faites le plein de tampons à soutien-gorge et achetez un deuxième tire-lait pour le bureau si vous décidez de tirer votre propre lait.

2 semaines. Appelez votre contact au bureau pour une mise à jour. Ainsi, vous ne serez pas perdue lorsque vous y retournerez. Vous pouvez vous entretenir en personne avec votre contact, histoire que tout le monde voie votre bébé.

1 semaine. Faites quelques essais. Demandez à la gardienne d'enfants de passer vous voir ou laissez votre bébé à la garderie pour quelques heures. Ceci vous permettra de vous habituer aux changements et vous donnera l'occasion de discuter des demandes que pourrait vous faire la gardienne d'enfants. Aussi, sentez-vous libre de revenir sans vous annoncer à la garderie pour voir comment les choses se passent.

Acceptez de ne pas pouvoir contrôler les choses. Bien entendu, vous ferez tout votre possible pour vous assurer que votre bébé soit en bonne santé et que votre accouchement se déroule dans un milieu sécuritaire. Toutefois, vous ne pouvez pas exercer de contrôle sur le processus de la naissance, pas plus que vous ne pourrez contrôler votre aventureux bambin.

Cette absence de contrôle peut s'avérer particulièrement frustrante pour les professionnelles parce que c'est totalement différent de leur milieu de travail, où les tableurs comptabilisent tout à la virgule près. Si vous sentez la paranoïa s'immiscer en vous, inspirez profondément et allez faire un tour dehors pour vous éclaircir les idées avant de revenir travailler.

Occupez-vous de vos émotions. Si le stress prévaut encore, essayez de consigner vos peurs dans un journal personnel afin de vous les sortir de l'esprit. Le fait de s'informer permet aussi d'amoindrir le stress. Questionnez votre médecin sur les peurs liées à tout ce qui vous préoccupe. Si les inquiétudes persistent, parlez-en à votre médecin pour prévenir toute dépression prénatale. Il faut garder à l'esprit que la grande majorité des grossesses se passent sans anicroche.

Congé de maternité

Si vous aviez imaginé que votre congé de maternité serait l'équivalent de vacances, un moment béni où faire enfin pousser des herbes aromatiques et prendre des leçons d'italien, vous serez déçue. C'est vrai que les nouveaux-nés dorment entre 16 et 20 heures par jour, mais pas beaucoup d'heures de suite. Donc, il faut vous attendre à allaiter, faire roter, changer, câliner ou bercer votre bébé à toute heure du jour et de la nuit. Ce qui ne vous laissera que très peu de temps ou d'énergie pour autre chose que des roupillons. Dites *arrivederci* à vos leçons d'italien. Vous serez chanceuse si vous pouvez réussir à remettre le bouchon sur le tube de dentifrice.

Combien de fois avez-vous communiqué avec le bureau pendant votre congé de maternité ?

47 %
Quelques fois

26 %
Chaque semaine ou quelques fois par semaine

22 %
Jamais

5 %
Tous les jours

Isolement

En plus d'être accaparée sept jours sur sept, l'isolement peut s'avérer un gros problème, surtout si vous avez l'habitude d'évoluer dans un bureau dynamique. Dans notre sondage, 28 % des mères au travail ont mentionné se sentir isolées et 37 % ont affirmé ne pas avoir reçu assez de soutien pendant leur congé de maternité. Voici certaines stratégies pour contrer l'isolement :

Entrez en contact avec d'autres nouvelles mamans. Joignez-vous à un groupe de nouvelles mamans afin de disposer d'un réseau de femmes qui vivent des expériences similaires aux vôtres. Faire appel à ces personnes, même pour envoyer des courriels pour avoir des conseils, vous aidera à vous sentir moins seule. Aussi, de nombreuses activités pour maman et bébé se développent, vous y rencontrerez d'autres parents (cardio-poussette, aqua-poussette, yoga, danse...).

Sortez de chez vous. Commencez la journée en mettant votre bébé dans sa poussette ou dans une écharpe en bandoulière et sortez faire un tour. L'exposition à la lumière aidera votre bébé à distinguer le jour de la nuit et l'air frais vous revigorera.

Restez au courant de l'actualité. Jetez un coup d'œil aux nouvelles tous les deux ou trois jours. Cela vous permettra de vous sentir moins décalée, surtout lorsque vous retournerez travailler.

Vous vous languissez du bureau. Appeler vos collègues pour vérifier ce que vous manquez n'est sûrement pas la bonne façon de vivre son congé de maternité. Mais peut-être que quelques-uns auraient plaisir à manger leur salade du midi avec vous et bébé dans un parc près du bureau.

Accro au bureau

Les étapes suivantes vous aideront à garder votre attention sur les cours suivis avec bébé plutôt que sur les réunions d'équipe manquées.

- Dès que bébé est né, demandez à un membre de votre famille d'appeler votre contact au bureau pour annoncer la nouvelle. Et une fois bébé installé à la maison, envoyez des photos.

- Demandez à votre contact au bureau de communiquer avec vous seulement si de très grands changements ont lieu.

Maintenant, amusez-vous

Quand on a une famille, les journées sont longues, mais les années passent vite. Être maman peut être épuisant et frustrant, mais c'est aussi un moment précieux. Votre bébé vous épatera constamment : par sa façon de vous regarder quand vous l'allaitez, par son premier vrai sourire, par ses couches de nouveau-né que vous essayez de fermer et que vous découvrez être devenues trop petites (pourtant, hier soir, elles fermaient bien !?). Votre conjoint aussi : qu'il est doux de le regarder tenir bébé et de converser avec lui au moins trois fois par jour au téléphone pour échanger des nouvelles sur votre petit bout de chou.

Votre congé de maternité est une occasion unique d'accorder toute votre attention à votre famille et à ce que vous voulez qu'elle soit. C'est aussi le moment où votre ancienne identité se lie d'amitié avec la nouvelle. Jusqu'à maintenant, votre identité était probablement en plus grande partie liée à votre carrière, dorénavant, vous devrez ajouter une ligne à votre description de tâches : la maternité.

Vos priorités pourraient changer dans votre vie professionnelle et il n'y a rien à redire à cela. Il se pourrait que vous tâtonniez pour découvrir le genre de maman au travail que vous voulez être. Et il n'y a rien à redire à cela non plus.

Entre mamans

« Le retour au travail a été plus facile que je n'avais pensé. Depuis que je suis devenue mère, je suis devenue une meilleure employée. Sachant que mon temps est compté pour tout faire avant d'aller chercher ma fille à la garderie, je suis plus concentrée, mieux organisée et plus productive. »

2

Retour au travail

Le moment est venu de retourner travailler.
Vous sentez-vous coupable, grisée, indécise ?
Bien souvent, les mamans qui retournent au
bureau après le congé de maternité, le font
avec des sentiments partagés.

Vous avez de la difficulté à vous concentrer sur vos relevés de
pertes et profits quand vous imaginez votre petit trésor
à la maison ? Même celles qui retournent au travail en sautant
de joie parce qu'elles ont hâte de retrouver la stimulation
intellectuelle et la conversation entre adultes peuvent connaître
des moments de doute. Pour passer à travers ces premières
semaines, nous vous proposons les stratégies suivantes :

- Acceptez le fait que vous pourriez avoir à « faire semblant
  de » jusqu'à ce que vous soyez vraiment dedans.

- Soyez patiente avec vous-même. Attendez-vous au
  minimum à ce que le premier mois vous pose un défi et
  ne vous fustigez pas. Appelez votre conjoint ou une amie
  si vous avez besoin d'entendre une voix rassurante.

- Rappelez-vous que vous faites ce qu'il y a de mieux pour
  vous et votre famille.

- Pensez à l'exemple que vous donnez, vous la femme
  financièrement autonome, avec une carrière et des buts.

- Entretenez le doux sentiment que vous reverrez votre enfant
  à la fin de la journée.

Comment composer avec l'angoisse de la séparation

Même si on nous parle volontiers de l'angoisse des bébés quand on les sépare de leur mère, c'est plutôt le contraire. Dans le sondage de *Working Mother*, 67 % des femmes au travail ont affirmé avoir ressenti de l'angoisse en se séparant de leurs enfants le jour où elles sont retournées au travail. Votre bébé se portera bien, mais il vous faudra, à vous, un certain temps pour vous habituer. Une fois que vous aurez constaté qu'il est heureux et en pleine forme, vos émotions se stabiliseront. Voici quelques conseils pour soulager votre anxiété :

- Mettez une photo de bébé sur votre bureau et demandez à la personne qui s'occupe de votre enfant de prendre des photos de lui et de vous les transmettre par courriel.

- Gardez à l'esprit que les bébés n'éprouvent en général aucune difficulté à se faire garder pourvu qu'ils soient nourris, changés et traités avec amour. Cela ne veut pas dire que vous êtes remplacée par quelqu'un d'autre, mais qu'il y a plusieurs personnes dans la vie de votre enfant.

- Sachez qu'il n'existe aucune preuve scientifique signalant que les enfants sont traumatisés lorsque leur mère travaille. Selon les études menées par les spécialistes, un enfant aimé et entouré de soins se développera parfaitement, même si sa mère travaille à l'extérieur de la maison.

Quand les choses ne s'améliorent pas

La dépression postnatale peut surgir à n'importe quel moment pendant les 12 mois suivant l'accouchement et elle touche 20 % des nouvelles mamans. Elle peut être difficile à diagnostiquer parce que ses symptômes, entre autres les sautes d'humeur et l'épuisement, sont des éléments qui surviennent également dans d'autres situations. Si, par contre, vous éprouvez trop de tristesse ou de culpabilité, de l'anxiété, de l'irritabilité, ou encore que votre appétit change, que vous faites de l'insomnie, appelez votre médecin sans tarder.

{ **Entre mamans** }

« Quand j'étais plus jeune, je stressais à l'idée que mes trois garçons passent leur journée en garderie pendant que je travaillais comme ingénieure. Aujourd'hui, ils sont tous les trois à l'université et ont une solide tête sur les épaules. »

Surveillez votre enfant

Que votre nourrisson se fasse garder à la garderie ou au privé par une bonne d'enfants, vous voudrez savoir ce qu'il fait pendant que vous travaillez. Entendez-vous clairement avec la personne responsable sur les raisons pour lesquelles elle devrait vous appeler : par exemple, si votre bébé pleure sans cesse ou s'il se fait mal. Vous pourriez également vous entendre sur un ou deux moments de la journée pour prendre des nouvelles.

Ne demandez pas à la gardienne de votre enfant de parler en ligne sur écran avec vous, ni de vous donner des détails sur les moindres gestes de votre enfant. Sa priorité est de se dévouer à votre enfant. Demandez-lui par contre de tenir compte de certaines choses, entre autres du nombre de couches changées, de biberons et de siestes.

Un autre interdit sur le plan de la surveillance, ce sont les caméras cachées. Votre paix d'esprit sera davantage tributaire de votre degré d'aise avec la personne qui s'occupe de votre enfant. Si vous ne vous sentez pas à l'aise avec cette personne, trouvez-en une en qui vous aurez confiance.

Il se peut que vous ne reconnaissiez pas les signaux avertisseurs de votre intuition maternelle. Si vous ressentez un malaise pour quoi que ce soit ayant trait à votre bébé, entre autres des problèmes de comportement ou de développement, parlez-en à votre conjoint, à votre pédiatre ou à une amie qui est maman. Une fois branchée sur votre intuition, vous serez épatée de ce qu'elle peut vous apprendre.

Coupable, je l'admets !

Les deux tiers des mères au travail qui ont répondu à notre sondage nous ont confié qu'elles se sentaient coupables d'être éloignées de leurs enfants quand elles étaient au travail.

La garde des enfants

Si vous êtes une maman et que vous travaillez, il va de soi que vous avez besoin de faire garder votre enfant. La formule de gardiennage pour laquelle vous opterez ne dépendra que de vous. Si les décisions des autres mères dans ce domaine vous intéressent, voici ce que notre sondage a révélé :

Quel genre de services de garde utilisez-vous ?

45 %
La garderie (temps plein)

27 %
Un parent ou un membre de la famille

19 %
Une bonne d'enfants à temps partiel, ou une *baby-sitter*

17 %
Une bonne d'enfants à temps plein

14,5 %
La garderie (temps partiel)

En moyenne, combien d'heures par semaine faites-vous garder votre enfant ?

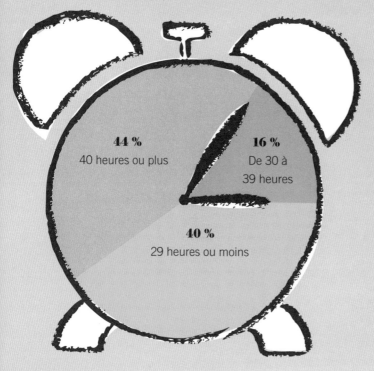

44 %
40 heures ou plus

16 %
De 30 à 39 heures

40 %
29 heures ou moins

Conseils pour tirer votre lait

Les mères au travail ont souvent une nouvelle compagnie : le tire-lait. Qu'il s'agisse de « boire beaucoup d'eau » ou de « ne pas abandonner », voici quelques conseils avertis.

Ce dont vous avez besoin

« Ne lésinez pas sur le tire-lait. Achetez le meilleur qui soit. »

« Ayez un tire-lait chez vous et un autre au travail. Fini le transport fastidieux ou la panique lorsque vous l'aurez oublié ! »

« Au travail, ayez en double les éléments du tire-lait qui doivent être lavés. Comme ça, quand vous serez pressée, vous aurez ce qu'il faut. »

« Achetez un bustier mains libres pour tire-lait pour pouvoir faire vos comptes en même temps. C'est génial ! »

« Ayez une blouse, un soutien-gorge et des tampons pour seins de rechange au bureau en cas de fuite. »

« Soyez patiente et dévouée et tout ira bien. »

Préparation pour tirer le lait

Familiarisez-vous avec votre tire-lait pendant que vous êtes encore en congé de maternité.

Pendant la grossesse	Deux semaines après la naissance	Bébé a un mois
Achetez un tire-lait ou deux, ainsi que des éléments amovibles. Ouvrez la boîte, examinez tous les éléments et lavez-les. Lisez attentivement le mode d'emploi.	Tirez votre lait une fois par jour le matin, moment le plus propice à la lactation.	Optionnel : tirez votre lait quelques fois par jour et congelez-le pour lorsque vous retournerez travailler, et datez le lait avant de le mettre au congélateur.

Petits conseils utiles

« Si votre entreprise ne dispose pas d'une salle d'allaitement, demandez à l'avance que des dispositions soient prises. »

« Soyez déterminée. Protégez férocement les moments où vous devez tirer votre lait en les inscrivant à votre horaire. »

« Une note avertira les gens de ne pas entrer dans votre bureau. »

« Tirez votre lait dès que vous arrivez au bureau. Le matin, vous aurez davantage de lait et vous serez moins portée à remettre cela à plus tard. »

« Peu importe que vous soyez extrêmement occupée ou pas, ne laissez pas vos seins s'engorger. Vous risqueriez d'avoir une mastite. »

« Gardez de jolies photos de votre bébé dans le sac de votre tire-lait pour favoriser la montée de lait. »

« Envisagez d'apprendre à tirer votre lait à la main. »

« Des incidents se produiront. Riez-en. »

« Détendez-vous ! Le stress rend tout plus difficile. »

Avant de retourner travailler	De retour au travail	En tout temps
Revoyez les procédures pour l'entreposage et la décongélation du lait avec la personne qui s'occupera de bébé.	Tenez compte du nombre de millilitres de lait que vous tirez chaque jour ainsi que de celui que votre bébé absorbe.	Votre corps peut s'ajuster à un nouvel horaire d'allaitement ou de tirage de lait. Réduisez graduellement le nombre de séances.

Les bons côtés de la chose

Les journées des mères au travail ne sont pas faciles, mais voici comment voir les bons côtés des pires scénarios.

Lorsqu'aucun de vos vêtements ne vous va,

dites-vous que vous rentrerez dedans plus tard et que c'est le moment d'aller faire les magasins !

Lorsque les montées de lait laissent deux énormes auréoles sur votre blouse après une conférence qui s'est mal passée,

dites-vous que vous allez atteindre un record de lait tiré. Youpi !

Lorsque vous n'étiez pas là quand votre bébé a mangé de la purée de poires pour la première fois,

dites-vous que vous serez là quand il mangera sa première cuillerée de purée de potiron. Miam !

Lorsque votre sentiment de culpabilité chronique vous a convaincu que votre bébé aura besoin d'une thérapie avant l'âge de trois ans,

dites-vous qu'il aura probablement une bonne longueur d'avance sur ses pairs.

Lorsque votre tolérance zéro pour les bêtises vous fait lever les yeux au ciel devant votre patron,

dites-vous que tout le monde sait, au moins, ce que vous pensez.

Lorsque vous avez eu une nuit blanche et que vous piquez du nez pendant une réunion,

dites-vous que tout un chacun mérite dix minutes de pur paradis.

Lorsque, après une journée de travail, vous n'avez pas envie de faire l'amour,

dites-vous que vous avez la chance de rattraper un peu de sommeil.

Z Z Z

Demandez-vous : « Pourquoi ? » Essayez de comprendre précisément ce qui déclenche votre sentiment de culpabilité. Vous vous inquiétez de ne pas être à la hauteur des autres mères ? Vous ne savez pas toujours ce qu'il y a de mieux pour votre bébé ? Lorsque ces pensées vous assaillent, un petit mantra : « Je suis la meilleure maman qui puisse exister pour mon bébé » pourrait vous aider. Cela sonnera un peu faux au début, mais rapidement ces mots prendront tout leur sens.

Ne vous laissez pas déstabiliser. Si quelqu'un essaie de vous faire sentir coupable, défendez-vous. Si votre mère pense que vous devriez avoir préparé le repas du soir avant 18 heures, reconnaissez devant elle que ses repas étaient fantastiques et rappelez-lui que votre vie est différente de la sienne et que votre famille se porte très bien.

Pardonnez-vous. Peut-être sentez-vous que vous auriez dû accomplir quelque chose dont vous vous êtes abstenue, comme faire la lecture à votre bébé, ou que vous avez fait quelque chose que vous n'auriez pas dû, comme crier après votre conjoint. Faites la paix avec votre imperfection, excusez-vous et essayez de faire mieux la fois suivante.

Attention, zone interdite ! Le sentiment de culpabilité voudra encore pénétrer vos défenses les plus solides. En être consciente vous aidera à vous en détacher. Par ailleurs, essayez vos trucs préférés pour dénouer le stress : yoga, tricot, discussion avec une amie. Si une surdose de culpabilité vous rend déprimée, vous fait manger ou boire à l'excès, consultez votre médecin.

Tout rentre dans l'ordre

Comme ma grand-mère le disait, la vie n'est pas un long fleuve tranquille. Même si elle n'a peut-être pas subi la pression de son patron pour revenir plus tôt que prévu au bureau, il est clair que cette femme était avisée. Revenir au travail après un accouchement peut s'avérer ardu, c'est certain, mais un rythme de croisière reviendra...

{ **Entre mamans** }

« Vous n'avez pas à vous sentir coupable de vous occuper de vous et de votre famille en poursuivant une carrière. Vous êtes en train de donner un exemple très précieux à vos enfants. »

Nishan

Survie en milieu

de travail

La chirurgie au genou de votre mari coïncide avec une importante présentation commerciale, et c'est aussi le jour de la rentrée scolaire, au cours duquel votre gamin fait une crise d'angoisse. Pire scénario ou simplement une autre journée dans la vie d'une mère qui travaille?

S'il est impossible de prévoir chacun des problèmes qui vous tomberont dessus, il en existe cependant quelques-uns qui sont habituels. Disposez-vous des qualités nécessaires pour vous épanouir en tant que mère ayant un emploi à temps plein? Bien sûr! Mais voici les petits secrets qu'il vous faut absolument connaître.

Comment composer avec une réunion de dernière minute

Votre patron vous convoque à une réunion urgente qui aura lieu à 17 h 30, exactement l'heure à laquelle vous êtes censée reprendre votre enfant à la garderie. Gardez à l'esprit qu'il s'agit d'une voie à double sens: si vous voulez pouvoir partir du bureau sans avertissement quand votre bébé fait une forte fièvre, convenez qu'il serait cohérent de rester plus tard au bureau lorsque votre patron vous le demande.

Discutez avec votre conjoint de ce que vous ferez lorsque aucun d'entre vous ne pourra récupérer le bébé. Essayez de maintenir le contact durant la journée si vous avez un empêchement de dernière minute.

Si vous avez une bonne d'enfants, parlez avec elle des jours où vous et votre mari serez en retard. Pourrait-elle rester un peu plus tard et être payée en contrepartie selon un taux négocié d'avance ? Serait-elle prête à amener votre enfant chez une voisine en attendant votre retour ? Si votre enfant est à la garderie, soyez au courant des règles concernant les retards, qui prévoient souvent un tarif élevé. Envisagez également un plan de secours avec les parents d'un autre enfant.

Toujours pas de chance ? Appelez votre équipe de secours. Toutes les mamans qui travaillent devraient avoir à leur disposition des gens qui peuvent venir à leur rescousse en cas de crise. Cette équipe pourrait être composée d'amies, de voisines, de mères. Rendez-leur la pareille quand vous le pouvez, pas seulement quand elles sont en instance de panique.

Si vous ne trouvez personne pour venir vous aider, vérifiez si vous devez absolument assister à la réunion. Une autre personne présente pourrait-elle prendre des notes et vous mettre au courant plus tard ? Pourriez-vous participer à la conférence par téléphone ? Ne craignez pas de demander s'il est possible d'une façon ou d'une autre que cette réunion se fasse sans que vous ayez à modifier vos dispositions de garde d'enfant.

Comment rester éveillée au cours d'une réunion

Les mamans au travail ne dorment pas assez et, quand leur enfant est malade, souvent, elles ne dorment pas du tout. Parfois, il leur faudra une volonté de fer pour ne pas s'endormir au travail, surtout au cours d'interminables réunions. Voici quelques conseils pour garder les yeux ouverts :

Avant la réunion. Dix minutes avant la réunion, buvez un verre d'eau, mangez une poignée de noix et étirez-vous. Un peu de caféine pourrait également vous aider.

Entre mamans

« Le meilleur conseil que je puisse donner aux mères qui travaillent, c'est de ne pas avoir peur de demander de l'aide aux collègues, aux amis et aux membres de la famille. »

Ne vous affalez pas. Restez assise bien droite, les épaules tirées vers l'arrière et les pieds au sol. Si vous vous installez trop confortablement, vous sombrerez dans les bras de Morphée.

Faites circuler votre sang. Soulevez les jambes sous la table. Serrez et relâchez une balle avec votre main.

Buvez. Apportez un grand verre d'eau et buvez, ce qui est aussi une bonne excuse pour aller faire un tour aux toilettes.

Pincez-vous. Si vous commencez à piquer du nez, tirez-vous les cheveux, pincez-vous ou piquez-vous avec la pointe d'un stylo.

Comment décliner un rendez-vous avec un client

Selon le genre de travail que vous faites, il se pourrait que vous ayez un grand nombre de rendez-vous en dehors des heures normales de travail. Préparez-vous à éviter les rendez-vous les moins essentiels.

Si vous connaissez bien le client, dites-lui simplement que vous devez rentrer chez vous. Pas besoin de donner de détails, dites les choses simplement et brièvement, mais avec détermination.

Malgré tout, il y aura toujours cette demande de dernière minute : « J'ai besoin que vous restiez jusqu'à ce que ce travail soit fini », que vous ne pourrez refuser. Si c'est catégorique, voyez si un collègue ne peut pas se joindre à vous et partez plus tôt en vous excusant. Si vous êtes coincée et que votre conjoint ne peut pas prendre la relève, appelez votre équipe de secours.

Ayez de quoi grignoter sous la main

Nous avons toutes fait ça : piller le panier de friandises d'Halloween de nos enfants pour le petit-déjeuner, avaler en vitesse une pointe de pizza à trois déjeuners de suite. Il faut mettre au point certaines stratégies si vous voulez bien manger quand vous êtes pressée. Prévoyez des collations et des repas sains pour éviter de courir à la distributrice dans l'après-midi.

Cinq façons de vous éclipser d'une réunion

Nous avons toutes connu des réunions inutiles qui nous empêchaient de faire notre travail. Pour rester saine d'esprit, il est parfois nécessaire de s'éclipser. Voici comment faire :

Déléguez. Demandez à un collègue de prendre des notes pendant la partie de la réunion que vous manquerez. Par la suite, faites savoir à votre patron que vous êtes à jour.

Planifiez votre sortie. Avant le début de la réunion, prévenez le groupe que vous devrez partir plus tôt, car du travail urgent vous attend.

Laissez une marque de votre présence. Faites une remarque pertinente au début de la réunion de façon qu'on se rappelle que vous étiez présente.

Placez-vous dans un endroit stratégique. Repérez une place que vous pourrez quitter aussi subrepticement que possible (évitez les sièges qui font du bruit).

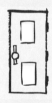

Évitez les excuses. Ayez une réponse brève et évasive toute prête, au cas où quelqu'un vous demanderait pourquoi vous êtes partie plus tôt. Pas besoin d'entrer dans les détails.

Obtenir ce que vous voulez

Dans le sondage de *Working Mother*, 64 % des mères au travail ont précisé qu'elles étaient douées pour négocier. Voici les 10 étapes inhérentes à l'art de la négociation :

1 Préparez-vous. Faites vos recherches afin de savoir ce qui s'est produit dans des situations semblables. Parlez avec d'autres femmes qui ont réussi comme vous le souhaitez. Elles sont probablement motivées et détiennent le palmarès de la fiabilité.

2 Laissez-les parler d'abord. Si possible, surtout en ce qui concerne les conditions salariales, laissez les autres parler avant vous. Les hommes de loi disent que si vous parlez en premier, vous vous retrouvez dans une situation désavantageuse parce que vous avez sorti vos cartes trop rapidement.

3 Écrivez. Si vous demandez à avoir un horaire flexible, mettez les détails par écrit pour expliquer que cela augmentera votre productivité et expliquez que vous tiendrez votre patron au courant de l'évolution de votre travail. Cela aidera à clarifier les paramètres et soulagera votre patron d'un fardeau.

4 Ayez confiance en vous. C'est un mythe que les femmes savent moins bien négocier que les hommes. Toutefois, elles semblent manquer davantage de confiance. Demandez clairement ce que vous voulez. Regardez les gens dans les yeux.

5 Ayez vos chiffres en tête. Prévoyez ce que l'autre personne voudra. Si vous demandez une augmentation, gonflez un peu votre chiffre pour pouvoir négocier. Avertissement : soyez réaliste. Un chiffre trop gonflé pourrait compromettre votre demande.

6 **Mettez l'accent sur les avantages.** Par exemple, le télétravail pourrait réduire les frais généraux de l'entreprise et vous permettre de communiquer plus facilement avec les clients se trouvant dans des fuseaux horaires différents.

7 **Écoutez !** Plus vous laisserez l'autre partie s'ouvrir, plus vous réussirez à trouver une solution novatrice. Pas besoin de décider immédiatement, si vous êtes dans une impasse, ajournez la discussion. Prenez note de ce dont vous avez parlé afin de pouvoir reprendre la discussion plus tard.

8 **Établissez un bon contact.** Trouvez un terrain d'entente et assurez-vous de rester polie. Il est possible d'être à la fois aimable et ferme. Les gens auront davantage tendance à aller dans votre sens s'ils vous perçoivent positivement.

9 **Proposez de faire un essai.** Par exemple, travailler à partir de chez vous un jour par semaine pendant un mois. Ainsi, votre supérieur pourra évaluer si cela fonctionne.

10 **Prévoyez un plan de rechange.** Si vous n'obtenez pas un horaire flexible, demandez davantage de vacances ou la permission de partir tôt le vendredi. La négociation, c'est donner à l'autre l'impression qu'il contrôle les choses, comme lorsque vous dites à votre bambin : « Tu préfères les petits pois ou les carottes ? À toi de choisir. »

Si j'avais su...

Voici les meilleurs trucs pour passer à travers les moments difficiles :

52 % Un conjoint dévoué

47 % Réduction des attentes

29 % Aide des amis et de la famille

22 % Patron compréhensif

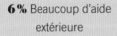

6 % Beaucoup d'aide extérieure

Dans notre sondage, les mères au travail ont rédigé une liste des conseils qu'elles auraient aimé recevoir. Voici les meilleurs qui, selon elles, peuvent être donnés :

- « Ménagez du temps pour vous. »

- « Si maman n'est pas heureuse, personne ne le sera. Alors, trouvez ce dont vous avez besoin pour l'être. »

- « Acceptez ce qui est "assez bon". »

- « Créez-vous un réseau de soutien. »

- « Apprenez que vous ne pouvez pas tout faire. »

- « Dites à vos enfants que vous les aimez et prenez-les dans vos bras le plus souvent possible. »

- « Soyez attentive à ne pas trop vous engager. »

- « Gardez le cap. Ainsi, tout se fera plus rapidement. »

- « Laissez le travail au bureau. »

Faites des réserves. Ne vous oubliez pas sur la liste des courses. Achetez des denrées saines et durables, empaquetées, qui peuvent rester dans votre tiroir de bureau ou dans le congélateur de l'entreprise, comme des conserves de soupe, des repas congelés, des noix. Si vous vous en sentez la force, mettez votre dimanche à contribution pour préparer des petits plats que vous pouvez congeler. Ayez toujours en réserve dans votre bureau vos tisanes préférées et des fruits frais. Ainsi, vous n'aurez pas à recourir aux sucreries pour vous requinquer.

Comment dérouter les braqueurs de réfrigérateur ? Dans tout bureau, il y en a un qui vient fouiller pour trouver de quoi manger. En général, c'est une personne sous-payée qui en a ras-le-bol de manger des nouilles. Protégez votre repas en le glissant dans un sac de papier et en l'agrafant dans le haut.

Résistez à la tentation. Si les gâteaux d'anniversaire et autres friandises sont légion dans votre bureau, résistez à la tentation de ces calories vides. Si vous avez régulièrement sommeil ou sentez un immense besoin de sucre vers 15 h 30, mangez une pomme 15 minutes avant ou buvez un thé. Qui a le luxe de prendre le temps d'acheter des vêtements taille forte ?

Quand vous faites des erreurs

Les erreurs sont humaines. Surtout quand votre agenda quotidien est surchargé. Si votre patron est furieux parce que vous êtes encore en retard ou que vous avez manqué une réunion, vous devez assumer. Ne donnez pas une montagne d'excuses, reconnaissez que vous avez fait une erreur et reprenez-vous du mieux que vous pouvez.

Il se pourrait que vous deviez déplacer ou partager certaines responsabilités familiales afin de pouvoir vous concentrer sur votre carrière pendant un certain temps. S'il existe une raison très valable pour laquelle vous avez un peu perdu la main, faites-en part à votre patron, mais seulement en fonction de la façon dont vous remédierez à la situation.

Meilleur moment pour demander une faveur à votre patron

Les vacances de votre fillette approchent et vous lui avez promis de l'emmener à Disneyland. Mais elles coïncident aussi avec votre séminaire d'entreprise. Dans ce cas, que doit faire une maman ? La synchronisation est essentielle, chose particulièrement vraie lorsque vous essayez d'obtenir de votre patron quelque chose que vous voulez. Choisissez bien le moment où vous irez dans son bureau. Les meilleurs sont les suivants :

Lorsque vous n'avez rien demandé depuis longtemps. Faites attention à la fréquence de vos demandes spéciales. Un employé qui demande trop peut commencer à sonner creux.

Lorsque vous avez accédé à une demande. Si votre supérieur vous demande de travailler tard ou de prendre des rendez-vous à sa place, faites-le chaque fois que c'est possible. Dire oui à sa demande fera en sorte qu'il sera davantage porté à accéder à la vôtre.

Lorsque vous êtes devenue une vedette. Venez-vous de terminer un rapport qui est fort prisé ? Avez-vous conclu un contrat avec un client que l'entreprise rêvait de compter parmi sa clientèle ? Si vous avez récemment fait quelque chose de formidable pour l'entreprise, votre patron sera porté à vous récompenser.

Lorsque votre patron est de bonne humeur. Chante-t-il dans son bureau après un week-end romantique ? Si vous arrivez près de son bureau et que vous entendez hurler, battez en retraite.

À l'avance. Personne n'aime être mis au pied du mur. Si vous demandez un congé, faites-le aussi longtemps d'avance que possible. Notez les activités et les vacances scolaires sur votre calendrier.

Comment composer avec un patron qui n'a pas d'enfant

Les supérieurs sans enfant peuvent oublier que le monde existe en dehors du bureau. Il faut donc approcher avec beaucoup de circonspection un patron qui ne vit que par et pour le travail.

- Faites acte de présence dans les moments où vous prévoyez pouvoir combler un besoin. Restez tard au bureau ou travaillez chez vous quand les enfants sont au lit. En anticipant les besoins, vous disposerez votre supérieur à faire preuve de bonne volonté pour les fois où vous ne pourrez pas faire d'heures supplémentaires.

- Votre supérieur adore-t-il faire des marathons? Incitez-le à aller courir pendant que vous vous occupez de tout au bureau.

- Demandez à votre supérieur comment vont sa famille et ses animaux domestiques. Il se pourrait qu'il commence à entrevoir un lien entre le fait d'emmener Wolfie, son husky sibérien, se balader et le fait que vous emmenez votre fils à ses leçons de clarinette.

- Sachez qui vous entoure au bureau. Si votre milieu de travail n'est pas porté sur les enfants, résistez à la tentation de couvrir votre bureau des réalisations artistiques des vôtres.

Survivre et réussir

Il va de soi qu'il faut de la pratique et un peu de ruse pour survivre et réussir en tant que mère au travail. Être armée pour affronter les problèmes qui surgiront sur votre route vous aidera à garder la tête droite. En fait, à mesure que les années passeront, vos talents pour résoudre les problèmes s'affineront.

{ **Entre mamans** }

« Ne vous excusez jamais d'être une mère ni d'accorder la priorité à votre famille. »

4.

Alliances
stratégiques

Une mère qui travaille ne sait à quel point la vie peut être compliquée (multiplié par deux pour les mères célibataires). Mais vous pouvez vous rendre la vie plus facile en sollicitant de l'aide.

Vous devez disposer d'un réseau de personnes fiables auxquelles vous pouvez faire appel! Si vous n'avez pas déjà un groupe de parents, de voisins, d'amis et de collègues sur qui vous pouvez compter, le moment est venu de travailler là-dessus. C'est plus facile que cela n'en a l'air. La voisine apprécierait certainement quelques brownies au chocolat et, vu que vous en avez fait cuire 250, vous en avez à distribuer.

Assurez les arrières de vos arrières

Pour éviter la bousculade lorsque vous êtes obligée de chercher quelqu'un à la dernière minute pour s'occuper de votre enfant si vos ressources habituelles ne sont pas disponibles, ayez une liste de gens qui pourraient servir de remplacement d'urgence. Concentrez-vous sur les personnes suivantes:

Personnel de garderie ou d'école. Ces gens-là sont connus pour leur fiabilité et souhaitent souvent se faire un peu d'argent comptant supplémentaire.

Personnes responsables d'activités. Les entraîneurs, les professeurs et les parents qui œuvrent dans le cadre des activités de votre enfant peuvent être ouverts à vos demandes de dépannage occasionnel.

Gardiennes d'enfants. Contactez des *baby-sitters* en âge de conduire et sachant s'assurer que tout le monde a bouclé sa ceinture de sécurité!

Accumulez des points en rendant service

En rendant service quand vous pouvez, vous accumulez des points qui pourront s'avérer précieux lorsque vous serez coincée. Vous vous sentirez ainsi moins coupable de demander de l'aide. Attention : accumulez des points seulement si vous le pouvez.

Chez vous. Une fois de temps en temps, rendez des services le week-end. Faites le chauffeur pour les entraînements. Accueillez chez vous les rencontres de jeux. Envoyez des textos à vos amies quand vous êtes au supermarché et demandez-leur si elles ont besoin de quelque chose. En bref, lorsque possible, permettez à d'autres parents de souffler un peu.

Au travail. Portez-vous volontaire pour des tâches dont personne ne veut. Couvrez une collègue qui doit partir pour gérer un problème de famille. Complimentez les gens avec qui vous travaillez s'ils font du bon boulot. Si vous faites régulièrement preuve de bonne volonté avec vos collègues, ces derniers seront enclins à vous soutenir.

Dans votre collectivité. En compagnie de vos enfants, accordez du temps aux gens qui sont dans le besoin. Déposez des victuailles dans une banque alimentaire, rendez visite à des voisins âgés. Lorsque vous le pouvez, proposez vos talents.

Établissez des contacts avec vos collègues

Les mères qui travaillent devraient solliciter l'aide de leurs collègues quand c'est possible. Vous l'aurez deviné, les personnes les plus désignées sont d'autres mères. En établissant des contacts avec elles, vous pourrez être informée des dernières nouvelles concernant les congés de maternité, les horaires flexibles, le travail à domicile, etc.

Une fois que vous avez trouvé vos alliés, il est essentiel de garder l'œil sur vos « ennemis » et de faire ce que vous pouvez pour garder le champ libre. Il se trouvera éventuellement

{ **Entre mamans** }

« Lorsque les choses deviennent impossibles, j'ai la chance de pouvoir appeler mes parents qui adorent passer du temps avec leurs petits-enfants. Tout le monde y gagne ! »

Lorsque vous êtes irremplaçable

Même si vous prévoyez chaque minute de vos congés et de vos journées libres avec la précision d'un chirurgien, nous vous recommandons de mettre certaines journées de côté pour les imprévus. Vous ou votre conjoint devez prendre une journée de congé lorsque :

Votre enfant est malade. Si votre enfant a beaucoup de fièvre, qu'il vomit ou qu'il a une affection contagieuse, vous ne pouvez exposer son éducatrice ou ses camarades de garderie à un tel risque. Emmenez-le voir le pédiatre, plus le pronostic sera prononcé tôt, plus vite vous pourrez concevoir une stratégie de convalescence. Pouvez-vous travailler à partir de chez vous ? Pouvez-vous, vous et votre conjoint, travailler des demi-journées en alternance ?

Vous êtes malade. Les écoliers sont des couveuses de microbes ambulantes. Malgré les lavages de mains, certains microbes passent à travers les mailles du filet. Alors, la même règle s'applique à vous et à vos enfants. N'essayez pas de survivre à votre journée en prenant des remèdes contre le rhume. Les recherches indiquent que les employés qui s'absentent quand ils sont malades utilisent moins de congés de maladie que ceux qui persistent à vouloir travailler. Prenez la journée pour récupérer. Vos collègues vous en seront reconnaissants.

Votre enfant joue dans un spectacle ou reçoit un prix. Que votre fils interprète le rôle principal de la pièce de théâtre scolaire ou l'une des 100 chenilles du chœur, vous devrez déplacer des montagnes pour assister à la représentation. Faites en sorte d'arriver en avance et de rester après la représentation pour prendre une citronnade et grignoter un gâteau sec. Les enfants ont besoin de voir leur mère dans l'auditoire et vice versa.

quelqu'un pour sourire avec mépris lorsque vous partirez tôt du bureau.

Si vous avez l'impression que des personnes vous en veulent de passer moins d'heures qu'elles au travail, passez à l'offensive :

- Faites étalage de vos accomplissements. Vous vanter de ce que vous faites bien, sans avoir l'air de vous vanter, est un talent essentiel.

- Mettez les autres au courant de votre emploi du temps. Si vous devez partir à une certaine heure tous les jours, faites-le sans interruption. Si cela peut vous consoler, 71 % des mamans ayant répondu au sondage de *Working Mother* ont précisé que leur bureau excellait à prévoir des réunions en fin de journée.

- Gardez votre fierté. N'ayez jamais honte ou ne vous excusez jamais d'avoir un horaire différent des autres, cela ne concerne que vous et votre patron.

« À l'aide ! Mon bébé aime mieux sa nounou que moi ! »

Vous vous languissez de prendre votre petit trésor dans vos bras. Dès qu'il vous voit, non seulement il s'accroche à sa gardienne, mais il hurle. Trente pour cent des mères ayant participé au sondage de *Working Mother* ont avoué qu'elles avaient déjà été jalouses d'elle.

Une des meilleures façons de composer avec ce sentiment, c'est de vous féliciter d'avoir trouvé la bonne personne pour garder votre enfant. Les liens qu'il tisse avec d'autres personnes n'amoindriront jamais son amour pour vous. Le fait qu'il entretienne de bonnes relations avec sa gardienne l'aidera à établir des relations saines plus tard dans sa vie. Étape suivante : assurez-vous de réserver certaines activités pour vous et votre enfant. Cela permettra de passer par-dessus les moments où vous vous sentez moins importante que la gardienne.

Prenez soin de votre vie amoureuse

Les recherches confirment que les papas modernes mettent davantage la main à la pâte que nos propres pères et 93 % des mamans vivant avec un homme et travaillant ont répondu au sondage de *Working Mother* que leur conjoint les aidait à la maison. Certaines nous ont même confié qu'elles faisaient l'amour avec leur conjoint pour se soulager de leur tension. Malheureusement, les mamans s'occupent encore en très grande partie des corvées et des enfants, bien qu'il y ait plus de mères sur le marché du travail. Lorsque vous pouvez compter sur votre conjoint, votre niveau de stress reste sous contrôle et le rapprochement entre vous et lui est plus étroit. Voici quelques conseils :

Partagez les corvées. Essayez de diviser les tâches en fonction des préférences et de la disponibilité de chacun. Le conjoint qui arrive à la maison en premier préparera le repas. Faites entrer les enfants dans cette équation, selon leur âge et leurs capacités. Par exemple, demandez-leur de préparer la salade, de sortir le pain et de mettre la table. Autant de choses que vous pouvez éliminer de votre liste et qui peuvent en même temps rendre vos enfants autonomes.

Accueillez la diversité. Prenez du recul et résistez à la tentation de vouloir superviser, aider ou corriger la façon dont votre conjoint effectue les tâches.

Dites s'il vous plaît et merci. Nous savons que vous êtes une adulte, mais lorsque vous êtes à la maison, avec les vôtres, ces mots sont très faciles à oublier. Demandez à vos enfants de dire merci à celui ou celle qui aura préparé le repas. Une attitude de gratitude est contagieuse, peu importe la tâche accomplie.

Entretenez-vous chaque jour avec votre conjoint. Une fois que les enfants sont couchés, passez du temps ensemble. Faites en sorte que vos enfants s'en tiennent à l'heure du coucher.

Retrouvez la passion amoureuse. Vos rendez-vous en amoureux ne sont peut-être plus ce qu'ils étaient. Visez au moins une sortie en amoureux par mois. Essayez de ne pas tomber dans la routine restaurant-cinéma. Les recherches indiquent que la nouveauté améliore les relations.

Éclipsez-vous. Il peut s'avérer difficile pour certains parents de s'imaginer être séparés de leurs enfants plus de quelques heures. Par contre, ce genre d'éloignement peut être salutaire pour tous. Pas besoin de quelque chose de compliqué. Une chambre d'hôte à une heure de chez vous fera très bien l'affaire ou arrangez-vous pour que les enfants dorment parfois chez des amis. Vous rendrez la pareille à leurs parents quand ils auront envie de prendre le large.

Faites ce qui fonctionne pour vous. Même si nous vous encourageons à passer du temps avec votre conjoint sans les enfants, c'est plus facile à dire qu'à faire. Peut-être allaitez-vous votre bébé. Alors, commencez par quelque chose de facile, comme un rendez-vous à la maison. Allumez des bougies et ouvrez une bouteille de vin. La chose la plus importante est de vous occuper de votre vie amoureuse, et ce, de toutes les façons qui puissent vous rapprocher l'un de l'autre.

Avez-vous l'impression que votre conjoint effectue la moitié des corvées ménagères ?

44%
Oui

Avez-vous l'impression que votre conjoint s'occupe des enfants autant que vous ?

53%
Oui

Votre relation conjugale a-t-elle connu une récession depuis que bébé est né ?

66%
Oui

Les mamans ont besoin de (plus de) remontant

À quelle fréquence réussissez-vous à passer du temps avec vos copines, sans vos enfants et en chair et en os?

10 % Hebdomadairement

24 % Une fois par mois

42 % Une fois tous les quelques mois

24 % Jamais sans les enfants

Imaginez que vos amitiés sont vos chargeurs de batterie et qu'elles vous permettent d'augmenter vos réserves d'énergie.

26%
des femmes sondées ont une maman mentor.

20%
appartiennent à un groupe de mamans.

40%
disent que la plupart de leurs amitiés sont virtuelles.

Rassemblez la tribu des mamans

Vous avez assuré les arrières de toute la famille en ce qui concerne la garde de votre enfant et le travail. Mais qui assure vos arrières à vous dans la vie ? À part son conjoint, chaque maman qui travaille a besoin d'amies pour la soutenir. Il est primordial de prendre le temps d'investir dans de telles relations. Jetez un coup d'œil aux types suivants de copines et pensez ensuite à votre propre cercle d'amis. Vous pourriez découvrir un grand manque. Dans ce cas, vous savez quoi faire !

L'amie qui vous ressemble. Elle a des enfants du même âge que les vôtres, elle travaille et son état matrimonial est le même que le vôtre. Vous êtes toutes les deux dans le même bateau et vous pouvez comprendre vos hauts et vos bas.

L'amie qui a plus d'expérience. Elle est déjà passée par là où vous passez. Elle est celle qui peut vous faire prendre le recul. C'est une amie que vous pouvez vraiment croire quand elle vous dit que vous allez très bien vous en sortir.

L'amie qui n'a pas d'enfant. Elle est celle qui vous permet d'entretenir le lien avec votre identité d'avant les enfants. Elle vous emmènera de force à une soirée entre filles bien méritée.

Vous avez fait le tour de la question

Il est difficile d'être maman. Il est encore plus difficile d'être une maman qui travaille. Et essayer d'être une maman toute seule, au foyer ou pas, n'est pas seulement presque impossible, c'est aussi dangereux. Sans un réseau de soutien composé de votre conjoint, de vos amis, de votre famille, de vos collègues et même de vos connaissances, vous pouvez finir par vous retrouver épuisée et vulnérable. Ce qui est certain, c'est que ce n'est pas bon, ni pour vous ni pour vos enfants. Alors, si vous ressentez une bouffée de culpabilité monter dès que vous prenez rendez-vous avec votre conjoint ou votre nouvelle voisine, prenez une grande inspiration et rappelez-vous que vous faites un investissement pour vous et pour votre famille.

{ **Entre mamans** }

« Avoir quelqu'un à qui se confier lorsque tout va de travers vous aide à garder le moral. »

5

Retour sur soi

Vos triomphes de cette semaine pourraient inclure le fait d'avoir amené vos enfants à la maternelle, assisté à un cours de Pilates et atteint le nirvana lorsqu'un client a signé un projet. Vous pourriez connaître des moments de joie là où vous ne vous y attendez pas, pourvu que vous restiez réceptive.

Demandez-vous : « Est-ce que je m'amuse ? » C'est très important et cela affecte toute la famille. La bonne nouvelle, c'est que 82 % des mamans ayant participé au sondage de *Working Mother* ont déclaré qu'elles se sentaient plus heureuses depuis qu'elles étaient mères. Seulement 4 % ont dit se sentir moins heureuses et 14 % n'avaient vu aucun changement. Où que vous vous situiez, vous serez une meilleure maman si vous êtes plus comblée.

La maman dite « suffisamment bonne »

Lorsque davantage de mères sont entrées sur le marché du travail, les femmes ont beaucoup entendu parler de la « supermaman ». Une révolte contre ces attentes élevées a amené le concept de la « maman laxiste ». Maintenant, nous parlons de la « maman suffisamment bonne », concept émis il y a plus de 50 ans par le Dr D. W. Winnicott, pédiatre, sociologue et psychanalyste britannique. Selon lui, le rôle de la « mère suffisamment bonne » est de s'adapter à son bébé, ce qui lui procure un sentiment de contrôle et de réconfort. Quand une mère est à l'écoute de son nourrisson, ce dernier peut devenir plus créatif, plus ludique et plus spontané.

Selon Winnicott, une mère n'a pas besoin d'aptitudes supérieures pour prendre soin de son bébé.

Lorsque le terme « mère suffisamment bonne » est employé de nos jours, il l'est en fonction de l'idée que la plupart des mères possèdent déjà en elles tout ce dont leurs enfants ont besoin. La mère suffisamment bonne sait faire usage d'un bon jugement, elle est disponible pour son enfant, elle l'aime et elle apprend de ses erreurs. Il est possible qu'elle ne possède pas simultanément toutes ces qualités. Malheureusement, de nos jours, les mères qui travaillent ont souvent des standards si élevés et si peu réalistes qu'elles peuvent finir par se sentir nulles.

Gardez à l'esprit qu'il n'existe pas une façon unique de faire. Votre enfant n'a pas besoin d'une mère parfaite, advenant le cas qu'une telle personne existe. Voici les caractéristiques d'une mère suffisamment bonne.

- Elle accorde en priorité du temps à ses enfants. Si vous devez choisir entre repasser ou jouer avec votre fille, choisissez la deuxième option.

- Elle ne se compare pas aux autres mères, surtout aux mères au foyer ! Peut-être que leurs enfants ont des notes parfaites, que leur maison est digne de figurer dans un magazine et qu'elles sont toujours enjouées, mais vous ne savez rien de leur véritable histoire de vie.

- Elles acceptent leurs limites. Les mères parfaites, ça n'existe pas, pas plus que les enfants parfaits. Lorsque nous acceptons nos limites, nous acceptons plus facilement nos enfants.

Rester dans l'instant présent

Un des plus grands mythes sur les mères qui travaillent et le mode multitâche, c'est que ce dernier nous aide à en faire plus. C'est seulement le cas lorsque le travail à effectuer n'exige

Cinq façons d'être présente

1 **Passez du temps avec vos enfants.** Personne n'excelle mieux que les enfants à faire acte de présence et personne n'apprécie autant votre attention totale qu'eux.

Appréciez ce que vous mangez. Mangez un aliment que vous aimez et savourez-le. Si c'est du tiramisu, eh bien, dites-vous qu'il y a des antioxydants dans le chocolat noir!

3 **Débranchez tout.** Éteignez tous les appareils électroniques dans la maison pendant deux heures chaque soir et branchez-vous sur les êtres qui vous sont chers et sur vous-même.

Faites l'amour. La sexualité peut faire baisser le niveau de stress et augmenter le niveau d'ocytocine, qui est l'hormone de la connexion. Mais avez-vous vraiment besoin de raisons scientifiques pour faire des câlins?

5 **Passez un moment tranquille.** Assoyez-vous et respirez, tout simplement. Le fait de ralentir ainsi aide à se sentir mieux.

pas une grande concentration, comme mettre la table tout en parlant au téléphone. Nous nous vidons lorsque nous sommes en mode multitâche pour des activités qui exigent beaucoup de concentration. Ce mode de fonctionnement peut conduire à l'épuisement.

Quand vous vous concentrez sur une chose à la fois et que vous vivez dans le moment présent, vous devenez plus productive et plus sereine. Oui, vous êtes simultanément tiraillée dans plusieurs directions. Au travail, essayez de suivre le courant, ainsi que les psychologues le disent, et de vous donner à 100 % à une seule activité à la fois.

Comment désamorcer le stress

Si vous avez le cou raide, un nœud dans l'estomac et que tout vous irrite, il est temps d'agir pour réduire votre niveau de stress. Pour cela, pas besoin de faire deux heures de méditation par jour. Je vous propose ci-dessous quelques trucs faciles :

Faites de l'exercice. Oui, nous savons que vous êtes super occupée, que vous avez tout juste le temps de faire pipi. C'est pour cette raison que nous vous demandons d'investir seulement 10 minutes. Marchez autour du pâté de maisons ou allumez une chaîne qui propose de l'exercice. Essayez de trouver quelque chose que vous aimez. Il y a des chances pour que vous vous disiez : « Je peux en faire 10 de plus ! »

Écoutez de la musique. Des recherches ont démontré que la musique peut changer l'humeur et harmoniser les émotions. Les morceaux rythmés désamorcent l'humeur maussade et la musique classique calme les humeurs exacerbées. Préparez des listes de musique pour chacune des humeurs peu désirables. Ne vous sentez pas obligée de n'écouter que la musique de vos enfants.

Allez faire les magasins avec une amie. C'est incroyable à quel point votre bien-être augmente quand vous passez un peu de temps avec une amie et que vous faites les soldes de chaussures.

Notre sondage

À quelle fréquence vous sentez-vous stressée ?

59 %
Parfois

35 %
La plupart du temps

6 %
Rarement

« Quand il vous semble impossible de mettre un repas élaboré sur la table, prévoyez un pique-nique. En traduction "maman", ça veut dire charcuterie, pain et couverture dans la cour ou sur le tapis du salon. »

Trop occupée pour sortir ? Alors, utilisez votre heure de lunch pour le faire. Cette parenthèse de liberté de mouvement est un des plus grands avantages du travail.

Riez plus. Regardez un film drôle ou la dernière excentricité publiée sur YouTube. Selon les recherches, le rire a un effet physique positif, ainsi qu'un effet psychologique.

Faites des sorties en plein air. Emmenez toute la famille pique-niquer, faites du vélo ou allez simplement vous promener dans votre voisinage. Selon les recherches, le simple fait de regarder des photos de la nature peut faire du bien.

Aidez quelqu'un. Quand vous oubliez vos problèmes pour aider quelqu'un qui a besoin d'un coup de main, cela vous permet de vous recentrer. De plus, ce geste servira de bon exemple à vos enfants.

Gardez votre calme

Nous savons tous à quel point la mèche de quelqu'un qui est surmené peut être courte. S'en prendre aux enfants, aux collègues ou aux inconnus qui font la queue à l'épicerie peut facilement devenir la norme plutôt que l'exception. Il n'y a rien qui nous fait sentir plus mal que de perdre les pédales. Avec les suggestions suivantes, vous pourrez garder votre liste d'excuses à faire, aussi bien à la maison qu'au travail.

Ne répliquez pas. Lorsqu'un bambin pique sa crise ou qu'un collègue s'en prend à vous, sachez gérer vos émotions et vous empêcher de vous mettre en colère. Essayez ce truc : respirez profondément en comptant jusqu'à 10. Faites dévier votre attention en imaginant quelque chose qui vous apaise.

Soyez physiquement active. Lorsque vous êtes sous pression (absorbée par une tâche particulièrement ardue au bureau ou devant composer avec un enfant qui passe par une phase

Allez vous coucher quand vous êtes fatiguée

Le sondage du magazine *Working Mother* a confirmé que les mamans ne prennent pas assez soin d'elles. La majorité des mères (89 %) affirme que leurs enfants dorment bien la plupart du temps. Nous leur avons demandé si elles roupillaient assez : en moyenne, seulement six heures et demie par nuit. Le besoin d'heures de sommeil pour se sentir reposé varie selon les gens, mais montrez-nous une mère au travail qui n'est pas fatiguée ! Donnez-vous la permission d'aller vous coucher lorsque votre corps le réclame.

Mes enfants dorment bien la plupart du temps.

20%

Heure du coucher des enfants
19 h ou 20 h

46%

Heure du coucher des enfants
20 h ou 21 h

20%

Heure du coucher des enfants
21 h ou 22 h

Quand vous vous sentez dépassée par les événements

Lorsque vous êtes bombardée de demandes, il est pénible d'avoir l'impression de ne pas réussir à tout affronter. Au travail et à la maison, subdivisez l'ensemble des tâches à accomplir en groupes de sous-tâches. Ensuite, établissez des priorités.

Dressez une liste. Le fait de noter tout ce que vous avez besoin de faire vous aide à avoir une idée claire de l'envergure de ce qui vous attend. En face de chacun des éléments de votre liste, détaillez les étapes à entreprendre pour en venir à bout. Par ailleurs, envisagez les corvées que vous estimez devoir faire, mais que vous ne voulez pas accomplir. Pourquoi ne pas les éliminer de votre liste pour de bon?

Priorisez. Établissez vos priorités par ordre d'importance et d'urgence. Faites la distinction entre ce qui a besoin d'être fait aujourd'hui, la semaine prochaine et ce que vous pouvez remettre indéfiniment. Il arrive trop souvent que les corvées urgentes, mais pas importantes, retiennent notre temps et notre attention.

Concentrez-vous. Une fois que vous avez sélectionné une corvée, allez-y à fond. Éteignez la sonnerie de votre téléphone et mettez de côté le courrier électronique.

Fixez-vous une limite de temps. Allouez un certain temps (disons 20 minutes) à chaque corvée. Vous pourriez placer une minuterie près de vous et vous concentrer sur la corvée jusqu'au moment où vous entendrez la sonnerie. À moins que vous ne finissiez avant!

Dites simplement non. Entraînez-vous à dire non poliment, mais fermement, avec le moins de mots possible. Qu'il s'agisse de refuser une invitation à un déjeuner d'affaires ou à une rencontre de jeu pour votre fils, ne vous justifiez pas. Vous ne vous sentez toujours pas à l'aise? Alors, dites: «J'aimerais bien, mais...»

difficile), trouvez-vous un exutoire (jogging, boxe…) pour évacuer la frustration.

Exprimez-vous. Lorsque vous sentez une émotion monter, allez la ventiler auprès d'une amie qui a le don de vous calmer ou confiez-vous simplement à votre chien.

Prenez du recul. Reconnaissez la situation pour ce qu'elle est. Si vous fulminez parce que le train est encore une fois en retard, remémorez-vous que c'est une des nombreuses choses sur lesquelles vous n'avez aucun pouvoir.

Limitez le sucre et la caféine. Une trop grande quantité de ces stimulants peut vous fatiguer, et éventuellement vous faire exploser comme de la dynamite. Hydratez-vous. Le simple fait de boire une gorgée d'eau peut calmer de façon incroyable.

Inquiétez-vous moins

Il vous arrivera à coup sûr de vous inquiéter de temps en temps au sujet de la sécurité de vos enfants, de vos décisions professionnelles, de vos relations. Mais l'inquiétude, qui peut toutefois être une émotion avisée selon les circonstances, peut devenir destructrice lorsqu'elle se fait envahissante. Si vous vous sentez tout le temps soucieuse, consultez votre médecin. Entre-temps, essayez une de ces stratégies, sinon toutes :

- Énumérez vos inquiétudes par écrit, en deux colonnes. Une pour les choses sur lesquelles vous avez du pouvoir et une pour lesquelles vous n'en avez pas.

- Si l'écriture ne vous convient pas, essayez d'en discuter avec votre conjoint ou une amie. L'objectif n'est pas de vous étendre sur vos inquiétudes, mais de les reconnaître, de les exposer et ensuite de les évacuer. Voyez les inquiétudes comme des toxines qui doivent sortir de votre corps.

- En ce qui concerne les choses sur lesquelles vous avez un certain pouvoir, ou du moins une influence, comme le fait de garder votre famille en bonne santé, mettez au point des plans d'action. Changez graduellement votre style de vie en allant par exemple vous promener à pied en famille après le repas du soir ou en achetant des produits biologiques. Agir pour combattre une peur aide à se sentir mieux.

- Pour les choses que vous ne pouvez pas contrôler, comme les catastrophes naturelles ou l'économie nord-américaine, vautrez-vous dans vos peurs, mais seulement cinq minutes. Ensuite, allez de l'avant. Visualisez votre inquiétude en imaginant que c'est un ballon qui s'éloigne dans le ciel. Lorsque vous ne voyez plus le ballon, reprenez vos activités.

L'automédication excessive

Un verre de vin peut dissiper les inquiétudes. Une cigarette occasionnelle peut calmer l'esprit. Mais comment savoir si vous allez trop loin ou si vos habitudes d'automédication ne sont pas devenues des dépendances nocives ?

Au cours de la décennie passée, les abus d'alcool et d'ordonnances médicales ont constamment augmenté chez les femmes. L'abus d'alcool a doublé alors que l'abus d'ordonnances médicales a quadruplé. Les mères qui travaillent peuvent facilement devenir les victimes d'habitudes dangereuses, parce qu'elles ont tendance à mettre la barre de leurs attentes très haute. Selon les experts, si vous vous demandez si votre consommation d'alcool ou de pilules est excessive, c'est que c'est probablement déjà le cas. Le moment est venu de solliciter de l'aide professionnelle. Appelez un centre d'aide local ou allez immédiatement consulter un spécialiste.

Gardez l'inspiration

Vous présentez-vous comme la maman de Julie et Anthony ou comme la directrice générale du marketing ? Ou comme la voyageuse qui a foulé la Grande Muraille de Chine ?

Depuis combien de temps n'êtes-vous pas sortie danser? Mettre certaines de ses aspirations personnelles en sourdine s'avère pratique à certains moments de la vie. Par contre, les laisser perpétuellement au placard peut rendre une personne insatisfaite ou même déprimée. Voici ce que vous pouvez faire pour vous recentrer sur vos besoins:

Gardez le contact avec vos inspirations. Même si vous avez de la difficulté à trouver le temps de vous brosser les dents, gardez le contact avec vos rêves pour entretenir l'inspiration. Peut-être ne pourrez-vous pas réserver immédiatement un voyage à Shanhaiguan, mais au moins vous pourrez lire ou encore regarder des films sur l'histoire de la Grande Muraille de Chine, même si ce n'est que pendant sept minutes et demie chaque soir avant de vous endormir d'épuisement.

Engagez-vous à acquérir de nouvelles aptitudes. La maîtrise parfaite de l'espagnol ne fait peut-être pas partie de vos projets actuels, mais vous pouvez par contre vous engager à apprendre une nouvelle expression idiomatique par semaine. L'apprentissage de quelque chose de nouveau active le cerveau et ralentit le vieillissement. Il a aussi été prouvé que cela améliorait l'humeur et c'est un grand plus, tant pour votre employeur que pour votre famille.

Cultivez vos passions en compagnie de vos enfants. Combinez vos passions aux activités de vos enfants. Ensemble, visitez des musées, allez à la plage ou décorez des gâteaux. Parlez à vos enfants des choses qui vous touchent et faites-les participer à vos activités préférées. Ils n'aimeront peut-être pas l'opéra ni le baseball, mais ils respecteront ce que fait leur maman, surtout si vous leur renvoyez l'ascenseur en étant disposée à jouer au ballon avec eux.

Le temps pour soi
Renoncez-vous aux bains moussants parce que, lorsque les enfants tapent contre la porte, ce n'est pas très relaxant?

« En tant que mères au travail, nous sommes portées à en prendre beaucoup sur nos épaules. Planifiez d'avance, mais ne vous énervez pas lorsque quelque chose va de travers. Assurez-vous de toujours ménager du temps pour vous et votre conjoint. »

Travaillez-vous trop ?

Le moment est venu de diminuer les heures de travail au bureau si vous acquiescez à deux ou plus des énoncés suivants.

1 Votre boxer aboie quand vous rentrez, non pas parce qu'il est content de vous voir, mais parce qu'il pense que vous êtes une inconnue.

2 Vous appelez vos fils Pierre et Matthieu, qui sont les noms du commis au courrier et du nouveau stagiaire.

3 Votre famille ne comprend pas ce dont vous parlez la plupart du temps.

4 Pour vous, travailler à mi-temps, c'est partir à 16 h 30 du bureau.

À cause du sentiment de culpabilité, de l'angoisse, ou par habitude, les mamans qui travaillent font souvent l'impasse sur l'importance des moments à soi. Nous sommes peut-être arrivées à accepter que nous aimons notre boulot et que faire garder nos enfants ne les blessera pas, mais à la seule idée de les confier à une *baby-sitter* pour pouvoir faire quelque chose d'aussi frivole qu'aller voir la dernière superproduction théâtrale, nous nous sentons irresponsables...

Prenez rendez-vous avec vous-même. Bloquez une heure dans votre horaire pour faire de l'exercice. Envoyez un courriel à une amie pour l'inviter à dîner. Lorsqu'une date et une heure seront marquées dans votre calendrier, vous serez moins portée à annuler.

Consultez votre médecin. Lorsque vous prévoyez une visite chez le médecin pour votre enfant, prévoyez aussi un rendez-vous pour vous. Prenez toute la journée de congé et réservez ainsi un massage, votre mammographie annuelle ou un nettoyage de dents. Un trop grand nombre de mères sont formidables pour prendre soin de leur famille, mais nulles quand il s'agit de prendre soin d'elles-mêmes.

Faites ce que votre conjoint fait. Vous entendrez rarement les pères dire qu'ils ont un conflit d'horaire quand il s'agit de sortir prendre une bière avec les copains ou de réserver un week-end de golf avec un vieil ami. Cet état d'esprit est sain et le mettre en pratique vous permettra de lâcher prise. Lorsque votre conjoint se ménage du temps pour lui, faites la même chose. Incitez-vous mutuellement à prendre soin de vous.

10 minutes. Vous ne pourrez peut-être pas bloquer toute une journée pour vous dorloter comme vous le faisiez quand vous étiez célibataire. À partir d'aujourd'hui, essayez de prendre 10 minutes quotidiennes pour vous. Laissez tomber les corvées et lisez un livre une fois que les enfants sont couchés ou appelez une amie pour commérer. De tels petits arrêts peuvent aider à recharger ses batteries. Et demain, pourquoi ne pas essayer de prendre deux pauses de 10 minutes ?

Simplifiez. Pensez à une chose que vous n'aimez pas du tout faire, qui prend trop de votre temps et qui donne peu de résultats. Si vous pouvez vous le permettre, faites appel à une femme de ménage une fois tous les 15 jours, donnez votre linge à laver ou faites-vous livrer l'épicerie à la maison. Ne remplacez pas ces corvées détestées par d'autres.

Allez, retrouvez la sérénité !

Si vous n'étiez pas très sereine ces derniers temps et que vous ne comprenez pas pourquoi, suivez quelques-unes des suggestions suivantes et voyez ce qui se passe. Si vous constatez que vous êtes toujours aussi triste, irritable, fatiguée,

Relaxez-vous

De nombreuses mères qui travaillent n'ont pas de temps pour se détendre. Mais nous avons été contentes de voir que les participantes à notre sondage avaient trouvé plein de façons de décompresser. Jetez un coup d'œil ci-dessous aux activités qu'elles emploient dans ce sens. (Oui, la télé, ça compte!) Les autres activités les plus en vogue sont: faire de la marche, prendre un bain, jouer à des jeux électroniques et faire l'amour.

51%
Regarder la télé

48%
Dormir

46%
Faire de l'exercice, du yoga

43%
Parler à une amie

43%
Lire

24%
Boire du vin

13%
Faire de l'artisanat

9%
Méditer

15%
Autre

allez consulter votre médecin. La dépression est incroyablement commune chez les femmes et peut arriver sans crier gare.

Soyez reconnaissante. Que ce soit à table ou au moment de vous coucher, nommez les choses pour lesquelles vous êtes reconnaissante et faites-en part à votre famille. Incitez vos enfants et votre conjoint à faire de même. Cela programme l'esprit à s'arrêter sur ce qui est positif plutôt que sur ce qui est négatif et peut avoir un profond impact sur votre sérénité.

Soyez positive. La façon dont nous nous exprimons peut avoir un effet sur notre moral. Se plaindre est un moyen assuré pour se sentir déprimé.

Enjolivez la vie d'autrui. Au lieu de rester centrée sur votre propre félicité, saisissez les occasions de rendre quelqu'un heureux. Que ce soit à la maison ou au travail, exprimez fréquemment votre appréciation.

Souriez. Les recherches prouvent que les pensées, les émotions et les actes sont interconnectés. Alors, en agissant comme si vous étiez heureuse, vous pouvez effectivement le devenir.

Surveillez votre langage. Censurez-vous quand vous parlez en présence de vos enfants. Si vous dites à quel point vous détestez votre travail, ils se demanderont peut-être pourquoi vous y passez autant de temps au lieu d'être avec eux.

Le bonheur sur ordonnance

Il y a une vérité très honnête dans le dicton : *À mamans heureuses, enfants heureux.* Et non, vos enfants ne seront pas au septième ciel en tout temps, et ce n'est pas votre faute. Peu importe ce que vous ferez, vous ne pouvez pas prévenir toutes les frustrations de votre enfant, et vous ne devriez pas non plus essayer de le faire. Le conflit est un élément important dans la vie et tout le monde doit s'y frotter.

{ **Entre mamans** }

« Cela aussi passera. Que ce mantra soit votre compagnon et que ce conseil reste gravé dans votre esprit : passez deux fois plus de temps avec vos enfants et dépensez deux fois moins d'argent. »

Toujours pressée

Il y aura des jours où vous ne trouverez pas votre téléphone portable, où un enfant se mettra à pleurer et le chat aura fait pipi sur vos documents. Et il ne sera que sept heures du matin! La liste des choses pouvant contribuer au chaos quotidien est longue pour n'importe quelle maman.

Mais pour vous, les mères qui travaillent, une pression s'ajoute à tout cela: vous disposez de moins de temps pour trouver une solution à ce qui va de travers. Vous n'avez pas vraiment le luxe de revenir à l'école apporter un lunch oublié ni de vous arrêter pour avoir une conversation à cœur ouvert avec les enfants, alors que vous étiez tous censés être dans la voiture il y a 15 minutes. Les étapes suivantes vous aideront à vous ménager suffisamment de temps pour pouvoir faire face à une catastrophe.

Instaurez un centre de commande
L'entrée et la cuisine sont les noyaux de l'activité dans la maison. L'adjonction de quelques éléments d'organisation pourrait faire toute la différence.

Attribuez à chacun un espace de rangement. Donnez un coin à chaque membre de la famille pour qu'il puisse y ranger ses effets personnels.

Chargez. Gardez un chargeur multiposte dans l'entrée pour les portables, les iPod, les ordinateurs de poche, bref tout appareil qui vous rend dingue lorsque les piles tombent à plat.

Utilisez un calendrier mural. Ayez un calendrier mural sur lequel sont inscrites toutes les activités de la famille. Ainsi, lorsque votre gamin vous dit que le hockey passe du lundi au mercredi, vous pouvez immédiatement inscrire ce changement. Au crayon bien sûr! Vous pouvez sans problème faire appel à un calendrier électronique. Par contre, gardez-en une version papier pour que toute la famille puisse se repérer visuellement.

Lisez les nouvelles scolaires

Parlez à la responsable de la garderie ou de l'école pour connaître les préférences du personnel en ce qui concerne la communication avec les parents. Par exemple, l'éducatrice de votre fils à la garderie envoie-t-elle une chemise le vendredi soir avec toutes ses réalisations et les remarques le concernant? Ou bien recevrez-vous périodiquement un message électronique dont vous devriez surveiller l'arrivée? Dès que vous êtes au courant d'un événement, inscrivez-le sur le calendrier mural.

Anticipez tout la veille

Pour augmenter vos chances d'avoir un matin tranquille et de partir à l'heure, anticipez tout dès la veille.

- Apprenez à vos enfants à s'habiller seuls le plus tôt possible. Demandez-leur de sortir leurs vêtements la veille au soir, ce qui veut dire que vous devrez accepter ce qu'ils auront choisi de porter, sauf si leur choix est inadéquat pour l'école ou le temps qu'il fait. L'objectif, c'est d'économiser du temps. La prime, c'est de favoriser l'autonomie.

- Si votre enfant est tout petit, remplissez votre sac à couches la veille. Une fois que les enfants vont à l'école, faites-leur vider et refaire leurs sacs à dos plusieurs fois par semaine. De cette façon, une demande de permission ne se retrouvera pas enfouie sous tout le reste et les devoirs à faire retourneront à l'école. Vous pouvez vérifier quand ils l'ont fait, mais faites-en leur responsabilité.

- Une fois les enfants au lit, rangez rapidement la maison. Vous vous lèverez avec l'impression d'avoir de l'avance.

- Préparez les repas de midi ou apprenez à vos enfants à le faire. Rangez les choix acceptables, entre autres les yogourts, dans un tiroir spécial du réfrigérateur. Établissez des règles de base, comme l'inclusion d'un fruit dans leur casse-croûte. Donnez-leur un coup de main si nécessaire.

- Préparez le petit-déjeuner sous forme de buffet. Mettez fruits, flocons d'avoine et barres de petit-déjeuner sur la table. Un repas où chacun se sert peut faire économiser de précieuses minutes dans la course du départ.

Devenez une personne matinale

Si vous éteignez cinq fois le rappel du réveille-matin, c'est que vous n'êtes pas matinale. Le secret pour modifier ces habitudes, c'est de se coucher plus tôt. Les bambins ont besoin de 12 à 14 heures de sommeil, les enfants d'âge scolaire de 10 à 12 heures et les parents, de tout le sommeil dont ils peuvent profiter. Donnez une consigne d'heure pour éteindre les lumières et maintenez-la. Donnez-vous-en une aussi. La routine coucher tôt et lever tôt vous aidera à réduire la bousculade du matin. Quand ils sont reposés, les humains sont moins énervés.

Comment trouver un objet égaré

Quand vous cherchez quelque chose, votre horaire peut rapidement être chamboulé. Pour trouver un objet égaré, ne passez pas la maison au crible. Vérifiez tout d'abord l'endroit où cet objet est censé se trouver et les zones autour. Tenez compte du facteur déplacement involontaire. L'aviez-vous en main lorsque vous êtes allée répondre au téléphone ? La plupart des objets ne se retrouvent pas à plus de 30 à 60 centimètres de leur endroit d'origine, sauf si votre fils a décidé de se servir de vos clés de voiture pour faire démarrer son camion Tonka.

Incitez vos proches à coopérer

N'avez-vous jamais remarqué que les comportements ont tendance à se répéter en fonction de cycles ? Pendant six mois, tout va comme sur des roulettes, et puis pouf, c'est la catastrophe pour votre enfant d'avoir à aller au lit. Quel que soit le défi, voici comment composer avec la situation.

Soyez claire. Donnez des directives précises. Au lieu de dire : « Il faut partir dans 10 minutes » (les tout-petits n'ont pas le sens du temps), demandez à votre bambin de mettre son manteau.

Servez-vous du renforcement positif. Lorsque votre enfant se comporte bien, par exemple s'il a organisé son sac à dos la veille au soir sans qu'on le lui ait demandé, décrivez précisément ce qu'il a fait et dites-lui que vous avez remarqué qu'il prend bien soin de lui. Il éprouvera un sentiment d'accomplissement, cela contribuera à son bien-être.

Faites preuve de constance. Pas besoin de jouer au gendarme, mais quelques règles familiales peuvent rendre les choses plus aisées. Le matin, cela pourrait se passer ainsi : pas de télé avant que les vêtements soient enfilés. Lorsque les enfants sont au courant de ce qui n'est pas négociable, ils ne sont pas susceptibles de pleurnicher ou de répondre avec arrogance.

Transitions délicates

Tous les grands changements, comme l'emploi d'une nouvelle bonne d'enfant, ou l'envoi dans une colonie de vacances peuvent s'avérer des moments de transition difficiles. En faisant preuve d'empathie envers votre enfant, ce dernier se sentira plus fort. Voici quelques conseils :

Parlez des émotions. Demandez à votre enfant ce qui va lui manquer. Avec la perte de quelque chose qui lui est familier et l'incertitude du futur, il peut s'inquiéter. Montrez-lui que vous le comprenez en racontant une de vos expériences semblables et procurez-lui davantage d'affection.

{ **Entre mamans** }

« Lorsque vous êtes sur le point de hurler de frustration, prenez une grande inspiration et servez-vous d'un langage très clair pour signifier à vos enfants la façon dont vous vous sentez. Par exemple : "Je suis très frustrée que vous n'ayez pas déjà enfilé vos manteaux." Allez savoir comment, ça fonctionne tout le temps ! »

Préparez votre enfant. Lisez des livres sur le sujet, entre autres des histoires sur le premier jour en colonie de vacances. Faites-le parler avec des amis qui sont déjà allés en colonie de vacances et qui aiment ça. Au besoin, pour l'occasion, laissez-le choisir un sac à dos spécial ou une boîte repas de grands.

Que les au revoir soient courts. Allégez la difficulté de se séparer avec une accolade. Les au revoir sans fin ne sont bons ni pour vous ni pour votre enfant.

Établissez des rituels. Décidez que le vendredi soir est une soirée pizza-film. Ainsi, vous aurez tous quelque chose d'agréable qui vous attendra à la fin de la semaine.

Surveillez vos expressions faciales. Les enfants remarquent les moindres changements chez leurs parents. Si vous ressentez de l'angoisse en raison d'une transition délicate, parlez-en à votre conjoint ou à une amie, et pas en présence de votre bambin.

Quand le dernier enfant à attendre est le vôtre

Votre train est retardé. Lorsque l'inattendu se produit, le supplément à payer à la garderie parce que vous venez chercher votre enfant en retard est le cadet de vos soucis. Le problème, c'est votre gamin au visage ruisselant de larmes qui vous attend tout seul. Non, vous n'êtes pas la pire mère du monde, surtout si vous abordez les choses comme suit :

Passez quelques appels. Appelez pour dire que vous serez en retard. Si vous savez que vous aurez plus de 15 minutes de retard, appelez la mère d'un autre enfant de la garderie pour vérifier si elle peut prendre le vôtre en même temps que le sien. (Assurez-vous d'avoir signé une autorisation.) Si c'est impossible, appelez les gens qui couvrent vos arrières.

Rassurez votre enfant. Expliquez-lui en termes simples la raison pour laquelle vous êtes en retard et dites-lui que vous avez fait votre possible pour arriver à l'heure. Occupez-vous de ses

Survivre à l'heure de panique

Pour bien des mères qui travaillent, l'heure qui précède le repas du soir est un cauchemar. Les enfants fatigués et affamés butent contre une mère stressée qui se sent obligée de faire 15 choses en même temps. Les enfants veulent que vous regardiez les figurines qu'ils ont peintes à la garderie et vous ne savez pas encore ce que vous allez manger. Suivez le plan de bataille suivant :

Donnez-leur une collation

Proposez-leur quelque chose de sain. Ayez toujours des fruits ou des légumes coupés d'avance.

Prêtez-leur attention

Vos enfants ont besoin de vous plus que de n'importe quoi d'autre. Adoptez le rituel de vous asseoir quelques instants avec eux pendant qu'ils cassent la croûte.

Laissez-les vous aider

Les enfants adorent se rendre utiles. Même si votre bambin peut seulement déchirer la salade ou mettre les couverts sur la table, il sera heureux de participer.

Soyez rusée

Encouragez les plus âgés à faire leurs devoirs ailleurs que dans la cuisine. Ce sera peut-être le bon moment pour que les plus jeunes improvisent une activité.

Prenez des raccourcis

Il est raisonnable d'annoncer que c'est le soir des sandwichs ou de battre quelques œufs et de faire des crêpes. « Un p'tit déjeuner pour souper ? M'man, t'es sensas ! »

Du temps de qualité

Étant donné que vous ne passez pas de longs après-midis de semaine à construire une maison dans les arbres avec vos enfants, garder du temps avec eux le soir est crucial. Après que vous êtes partie en flèche du travail pour aller les chercher à l'école et rappliquer à la maison pour servir le repas du soir, votre famille a besoin d'un moment de calme pour se retrouver, rire, parler et jouer. Avec vous.

Mangez ensemble. Essayez de manger en famille au moins trois fois par semaine. Une seule fois vaut mieux que pas du tout. Si vous rentrez à la maison trop tard pour préparer un repas conventionnel, concoctez une collation gargantuesque. Les recherches montrent que les enfants qui aiment manger en famille ont de meilleures notes, sont plus susceptibles de s'abstenir de consommer de l'alcool et des drogues et sont physiquement plus en forme. Quelle importance si vous devez commander du resto! Ça vaut toujours le coup de manger ensemble.

Parlez-en. Lorsque vous passez du temps avec vos enfants, entre autres pendant les repas ou au moment de les mettre au lit, faites-les parler. Soyez précise. Au lieu de demander s'ils se sont amusés pendant la récréation, demandez-leur avec qui ils ont joué. Évitez les questions auxquelles les enfants peuvent répondre en grognant oui ou non, et essayez de rester positive, c'est-à-dire ne vous plaignez pas de votre travail.

Règlementez l'emploi des divers écrans numériques. Il est presque impossible d'apprécier la compagnie lorsque les gadgets électroniques fonctionnent. Instaurez un moment chaque soir pour tout débrancher, disons entre 19 et 20 heures. Profitez-en pour vous préparer à aller au lit, pour lire, pour jouer, pour vous raconter des histoires et pour renouer le contact.

inquiétudes, même celles qui sont exagérées : « Non, ma chérie, jamais je ne te laisserais à la garderie la nuit. »

Donnez l'exemple en répondant avec calme. Même si vous avez l'impression que vous allez éclater en sanglots, votre enfant a besoin que vous le réconfortiez.

Amenez les enfants à bon port

Traîner les enfants du terrain de basketball au cours d'espagnol peut exiger de votre part des aptitudes de contrôleur aérien. Tout se conjugue en multiple : les clubs, les sports, les cours et les enfants, qui veulent tous arriver au bon endroit au bon moment. Voici comment éviter les scénarios catastrophiques :

Ne programmez pas trop de choses. Au début de chaque trimestre scolaire, évaluez les limites de votre famille. Une seule activité parascolaire par enfant suffit-elle pour que tout le monde soit content ? Les enfants ont besoin de beaucoup de temps pour simplement jouer. Et si, en arrivant au milieu de l'année scolaire, vous réalisez que quelqu'un est encore surchargé, laissez tomber quelque chose. Il n'y a pas de honte à enseigner à vos enfants à effectuer des changements judicieux.

Covoiturage. Cherchez des parents disponibles pour du covoiturage dans le cadre de certaines activités. Fournissez aux autres parents la liste de ceux qui peuvent offrir du covoiturage.

Adressez-vous à la personne responsable. Voyez si le responsable de tel sport, cours ou club serait prêt à ramener votre enfant à la maison moyennant un petit supplément (après, bien sûr, vérification rigoureuse de sa moralité et de sa fiabilité).

Trouvez un chauffeur digne de confiance. Un chauffeur en qui vous avez confiance, comme un étudiant universitaire que vous connaissez bien, pourrait être la réponse à vos prières. Payez-lui son temps et son essence. Par ailleurs, établissez des règles claires : seuls lui et les enfants doivent se trouver dans la voiture, et ceinture bouclée pour tout le monde sans exception.

{ **Entre mamans** }

« Lorsque vous accompagnez vos enfants quelque part, profitez-en pour parler côte à côte. Il est plus facile pour un enfant de parler de choses personnelles si vous n'êtes pas en face à face. Ceci fonctionne particulièrement bien avec les préados et les ados. »

Vous ne pouvez pas être là ?

Un total de 83 % de mères qui travaillent ayant participé à notre sondage ont reconnu qu'elles se sentaient coupables de ne pas pouvoir prendre part aux activités scolaires. Heureusement, 74 % pouvaient se libérer pendant leur journée de travail pour se porter bénévole, mais pas tout le temps. Voici quelques conseils pour faire face aux défis épineux soulevés par les activités scolaires.

Événements de jour

Même si vous et votre conjoint voulez vraiment être présents quand votre petit flocon de neige tourbillonne lors du spectacle hivernal, parfois vous ne le pouvez absolument pas. Envoyez un ami applaudir à votre place et filmer l'événement. Visionnez le film avec votre enfant afin qu'il puisse vous entendre l'acclamer.

Les « Pourquoi tu peux jamais... »

« ... être bénévole à l'école ? » Vous aimeriez vous investir et participer à toutes les activités scolaires, mais la réalité, c'est que vous n'avez pas le temps. Expliquez à votre enfant que vous aiderez sa classe d'autres façons.

Ce que vous pouvez faire. Demandez à l'enseignant si vous pouvez venir en tant qu'invitée, peut-être pour faire la lecture ou pour diriger une activité. Ainsi, votre enfant sentira que vous avez fait quelque chose de spécial et vous n'aurez utilisé qu'une de vos journées de congé.

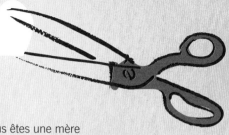

Gardez le contact avec l'enseignant

Au début de l'année scolaire, expliquez que vous êtes une mère qui travaille et qui ne pourra probablement pas se présenter à de nombreuses activités scolaires. Par contre, précisez que vous apporterez votre contribution sous d'autres formes. Peut-être en mettant vos talents de découpage aux ciseaux à contribution pour préparer des travaux ou en jouant le rôle de coordonnatrice des bénévoles, par messagerie électronique. Il est également important de connaître le mode de communication préféré de l'enseignant. Certains aiment des notes dans la chemise des devoirs, d'autres préfèrent les courriels.

« ... être l'entraîneur de baseball ? » À moins d'avoir un horaire flexible, être entraîneur est trop prenant.

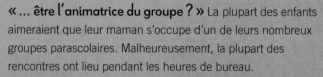

Ce que vous pouvez faire. Allez au parc pour l'entraîner à frapper sa balle. Ensuite, emmenez-le, lui et quelques-uns de ses coéquipiers, assister à un match professionnel ou universitaire. Et amusez-vous.

« ... être l'animatrice du groupe ? » La plupart des enfants aimeraient que leur maman s'occupe d'un de leurs nombreux groupes parascolaires. Malheureusement, la plupart des rencontres ont lieu pendant les heures de bureau.

Ce que vous pouvez faire. Proposez au groupe de venir chez vous un dimanche après-midi. Planifiez une activité artisanale ou organisez une vente de gâteaux dont les fonds iront à des enfants dans le besoin.

Retour tardif à la maison

Lorsque vous devez faire des heures supplémentaires au travail, vous avez l'impression de rater des moments avec votre enfant. Et ce dernier aura aussi manqué quelque chose et vous le dira clairement. Vous pouvez alléger la souffrance en procédant à un rituel spécial les fois où vous rentrez tard à la maison. Il s'agira peut-être de reprendre la suite d'une histoire au moment de coucher votre enfant. Ce qui importe, c'est que vous transformiez un événement qui crée un sentiment de privation en une excuse pour vous amuser ensemble.

Non coupable

Surveillez les moments où vous surcompensez. Vous rentrez tard du bureau et vous arrivez à la maison avec de la crème glacée. « Bien sûr, tu peux regarder encore une émission, prendre un autre biscuit, aller te coucher plus tard ce soir… » Toutes ces concessions sont faites parce que vous vous sentez coupable d'avoir privé votre enfant de temps avec vous. Attention : même si la surcompensation peut remonter le moral de votre enfant à court terme, cela ne lui enseignera pas à composer avec les déceptions.

Nous voulons tous éviter à nos enfants souffrances et blessures, mais notre boulot consiste à les aider à faire face à toutes sortes d'émotions, comme la colère et la tristesse. Au lieu d'offrir 30 minutes supplémentaires de télévision, donnez-lui plutôt ce qu'il veut vraiment, c'est-à-dire votre attention.

Votre culpabilité est réelle, mais l'essentiel est d'avoir du recul par rapport à ce qui vous ronge. Vous êtes-vous impatientée pour un rien quelques minutes après être enfin rentrée ? Au lieu de vous sentir nulle, rappelez-vous que vous êtes humaine. Réfléchissez à la façon différente dont vous agirez si une telle situation se présente de nouveau. Ensuite, expliquez à votre enfant que, parfois, les mamans font des erreurs et ont besoin de souffler un peu, comme les enfants.

L'art de dire non

Les mères au travail sont des personnes pleines de créativité et d'efficacité. Un grand nombre d'entre elles sont des personnes qui excellent dans tout. Alors, lorsque d'autres parents viennent leur demander un coup de main pour la vente de livres, elles disent facilement oui. Vous voulez que l'on pense que vous êtes une mère qui prend activement part aux activités scolaires de son enfant malgré son exigeante carrière. Admettez-le, vous voulez aussi remporter la médaille d'or de la meilleure mère. La vérité, c'est que vous devez apprendre à dire non. Entraînez-vous à le faire à haute voix : « J'aimerais bien faire partie du comité, mais je suis débordée. » Voici d'autres façons d'annoncer la nouvelle en douceur :

Gagnez du temps. Au début, il peut s'avérer difficile de dire non de façon juste. Alors, utilisez une tactique pour gagner du temps : « Laissez-moi jeter un coup d'œil à mon agenda et je vous reviens. » Ainsi, vous vous donnez du temps pour réfléchir et pour décider si cette activité de bénévolat peut s'insérer dans votre horaire ou pas.

Faites appel à la tactique « Pas ceci, mais cela ». Proposez quelque chose qui vous impliquera, mais qui ne vous demandera pas trop : « Je ne peux pas préparer de biscuits, mais cela me fera plaisir de vous fournir les assiettes en carton et les petites cuillères. »

Soyez sélective. Choisissez chaque année les œuvres de charité que vous voulez aider et le nombre d'événements pour lesquels vous souhaitez vous porter volontaire. Ainsi, lorsque vous recevrez un courriel de l'école vous demandant d'organiser le pique-nique annuel, vous aurez déjà une ligne de conduite.

Ne fermez pas la porte. Si vous êtes indécise, vous pouvez vous couvrir en disant que vous ne prévoyez pas être disponible, mais que si quelque chose change, vous serez heureuse d'aider. De cette façon, tout ce que vous ferez sera perçu comme un plus.

« Il faudra que je vous reparle à ce sujet. »

« Laissez-moi vérifier mon agenda. »

Mettre un repas sur la table

Pour les mamans ayant participé à notre sondage, les repas des soirs de semaine étaient souvent une grande source de stress. Par contre, elles nous ont fait part de petits trucs pratiques : sollicitez l'aide de votre conjoint et de vos enfants, préparez un repas frais tous les deux soirs, et entre les deux servez-vous des restes ou achetez des plats préparés.

« La mijoteuse est ma meilleure alliée. »

« Je cuisine en grosse quantité les fins de semaine. »

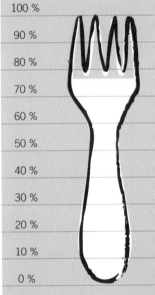

76%

J'ai besoin de prendre des raccourcis étant donné ma vie affairée.

60%

Je fais simple ou j'ai un ensemble de plats congelés que je peux réchauffer en 15 minutes.

57%

Je me sens trop bousculée la plupart du temps pour mettre un repas sain sur la table après le travail.

Gardez du temps pour ne rien faire

Tout le monde a besoin de temps pour décanter, rêvasser, jouer en solo, inventer des jeux idiots. Voici quelques suggestions qui vous aideront à trouver du temps pour ne rien faire :

Mettez-le à l'agenda. Bloquez du temps pour la famille. Refusez toutes les invitations durant ces heures, oubliez les travaux domestiques et concentrez votre attention à savourer ces moments d'insouciance.

Débranchez tout. Zéro gadget électronique.

Allez dehors. Sortez découvrir un parc. Ne restez pas dans la maison tout le temps. Équipez-vous pour la pluie et la neige.

Faites votre nid. Traînez. Faites quelque chose ensemble ou séparément (casse-tête, sudoku, bandes dessinées…), en paix et en silence. Et pareil pour les bambins installés côte à côte.

Ravitaillez vos troupes. Certes, il est essentiel d'apprendre à vos enfants comment s'amuser tout seuls. Par contre, il faut absolument leur donner l'occasion de le faire et donc leur fournir des accessoires. Pour un enfant d'âge préscolaire, une simple couverture peut vite devenir un super jouet.

Le jour viendra…

Bien entendu, certains jours se passeront mieux que d'autres. Mais le moment viendra où vous vous tordrez de rire en repensant au matin où Jasmine est partie au jardin d'enfants avec un livre sur la perte de poids et qu'elle est revenue à la maison avec une note de son éducatrice demandant pourquoi votre fluette fillette fait un régime. Avant que votre tête se pose sur l'oreiller le soir, remémorez-vous deux ou trois choses que vous avez bien faites. C'est plus facile que vous ne le pensez : les enfants sont-ils suffisamment propres ? Avez-vous bien travaillé aujourd'hui ? Si c'est le cas, tapez-vous sur l'épaule et appréciez un peu de repos bien mérité…

7

Quand les enfants grandissent

Lorsque vos enfants sont petits, ils vous embrassent en public sans retenue et ils sont toujours heureux de vous faire un cadeau spécial pour votre anniversaire, et parfois seulement parce que c'est lundi et que vous êtes leur maman! Puis, arrivent la préadolescence et l'adolescence...

Les préadolescents commencent à tester en public le «Je suis trop branché pour toi». Plus question de bisous devant l'école. Par contre, à la maison, ils ne vous lâchent pas d'une semelle. Du moins, jusqu'au moment où ils deviennent des adolescents à part entière. Et là, rien ne va plus! Ils envoient des textos, ils étudient, ils s'entraînent. Sans parler des hormones qui explosent et d'un agenda social extrêmement rempli. Par contre, ils n'auront probablement pas de temps pour vous.

Oui, nous savons toutes que grandir c'est apprendre à devenir autonome, heureux et responsable. Nous éprouvons parfois de la difficulté à lâcher le morceau quand ils veulent la paix, parce que nous sommes des mamans! Nous voulons les aider. En fait, en ayant un peu conscience de ce qui va se produire, nous pouvons nous ménager. Considérez ce chapitre comme un guide qui vous permettra de résoudre certains des problèmes surprenants qui pourront survenir.

Incitez vos enfants à être autonomes

Quand vous poussez vos enfants à acquérir leur autonomie et leur indépendance, vous leur rendez service. Plus ils apprendront à agir de leur propre chef (ou avec un minimum d'aide), plus ils deviendront des personnes confiantes en leurs capacités. Le fait que votre fardeau s'allège est (presque) secondaire.

Commencez quand ils sont petits. Quand votre enfant est encore un bambin, donnez-lui l'habitude de ranger ses jouets. Bien sûr, c'est plus rapide si vous le faites vous-même, mais lorsque vous faites participer votre enfant au ménage tout en lui disant que vous le voyez faire, il acquiert le sens des responsabilités.

Laissez vos enfants choisir leurs vêtements. Lorsque votre fils est en maternelle, laissez-le s'habiller tout seul. Donnez-lui carte blanche pour le choix de ses vêtements. Par contre, demandez-lui de les sortir la veille. Résistez à la tentation de critiquer ses choix. Ce serait la meilleure façon de saper son sentiment d'accomplissement. Peu importe si son pantalon est devant derrière ou si sa chemise est dedans dehors.

Laissez vos enfants subir les conséquences de leurs actes. Votre travail consiste à les aider à découvrir comment se débrouiller tout seul. Quand il est question des devoirs, par exemple, vous pouvez leur apprendre à organiser leurs travaux dans un cahier, à dresser des listes de choses à faire et à morceler leur travail sur la semaine. Mais, si un soir ils se plaignent qu'ils ne peuvent pas travailler une minute de plus sur leurs devoirs sinon ils vont mourir, dites-leur que le choix leur revient. Estimeront-ils qu'ils ont pris la bonne décision lorsqu'ils arriveront devant leur enseignant les mains vides ? Quand les enfants subissent les conséquences de leurs actes, ils apprennent vite à faire les bons choix. Laisser vos enfants tirer des leçons de leurs erreurs est une des plus importantes choses que vous puissiez faire.

Déjà prêt ?
Une des décisions les plus énervantes à prendre pour les parents, c'est le moment où ils doivent laisser leurs enfants sans surveillance. Ce serait tellement plus simple s'il existait un mode d'emploi universel pour savoir quand nos enfants sont prêts. Mais ici, il n'est pas question d'âge, mais de maturité.

Entre mamans

« Parlez avec vos enfants. Ils n'ont pas toujours besoin de regarder la télé ou de jouer avec toutes sortes de gadgets. Parfois, tout ce qu'ils veulent, c'est parler avec vous. »

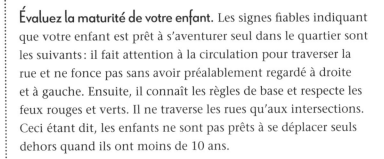

Entre mamans

« Mon mari et moi récupérons les cellulaires des enfants à 18 h 30 la semaine, à 21 h le vendredi et le samedi et à 20 h le dimanche. Cela les empêche d'envoyer sans arrêt des messages et leur donne le temps de faire leurs devoirs et leurs corvées. »

Évaluez la maturité de votre enfant. Les signes fiables indiquant que votre enfant est prêt à s'aventurer seul dans le quartier sont les suivants : il fait attention à la circulation pour traverser la rue et ne fonce pas sans avoir préalablement regardé à droite et à gauche. Ensuite, il connaît les règles de base et respecte les feux rouges et verts. Il ne traverse les rues qu'aux intersections. Ceci étant dit, les enfants ne sont pas prêts à se déplacer seuls dehors quand ils ont moins de 10 ans.

Faites intervenir ses amis. Lorsque votre enfant vous demande de sortir seul en compagnie de ses amis, faites quelques essais. Emmenez votre enfant au centre commercial avec ses amis. Laissez-les seuls, mais demandez-leur de revenir vous voir toutes les 30 minutes. Les gamins ne sont pas prêts à être largués dans la nature avant l'âge de 12 ans environ. Si votre enfant agit de façon irresponsable, vous pouvez simplement mettre fin à ce privilège, jusqu'à ce qu'il fasse preuve d'une plus grande maturité.

Laissez votre enfant seul à la maison. Selon la loi en vigueur au Québec, pour que vous alliez au supermarché pendant une heure en laissant votre enfant seul à la maison, il doit avoir 12 ans. Un enfant doit au moins être au secondaire pour pouvoir revenir dans une maison vide après l'école, et seulement s'il a assez de maturité pour, disons, verrouiller les portes après être rentré et faire ses devoirs tout seul. Commencez avec un jour par semaine et augmentez à mesure que son sens des responsabilités croît lui aussi. Si vous sortez un soir, il est raisonnable de laisser un enfant de 13 ans seul à la maison. En effet, lorsque votre enfant est assez vieux pour garder d'autres enfants, il est aussi assez vieux pour rester seul à la maison. Il est aussi possible que votre fils de 14 ans laisse le poêle allumé et l'eau couler pendant qu'il gratte sa guitare à l'étage. Dans ce cas, écoutez votre instinct.

Comment faire parler votre ado

Il y aura des jours où le gentil petit garçon qui vous collait aux baskets vous évitera en public. Il grognera plutôt qu'il ne parlera. Vous devez comprendre que, souvent, les enfants ne savent pas expliquer ce qu'ils ressentent. Votre principal devoir est de reconnaître leurs émotions, en disant par exemple : « Tu as l'air énervé », et ensuite d'écouter calmement. Ne jugez pas et ne montrez aucun dédain.

Écoutez les broutilles. C'est un test de la part de votre adolescent pour juger s'il peut vous faire confiance pour les choses importantes. S'il commence à expliquer la raison pour laquelle le cours de sciences est nul, écoutez attentivement.

Pas de prêchi-prêcha. Vous serez portée à donner des conseils en fonction de votre expérience. Ne le faites surtout pas. Ils ne veulent pas recevoir de leçons à tout bout de champ. Si votre adolescent dit : « Tom est un vrai minable » et que vous rétorquez : « Hé, on ne parle pas comme ça », la conversation s'arrêtera là. Demandez plutôt : « Qu'est-ce qu'il a fait ? »

Aidez votre adolescent à trouver ses propres réponses. Poussez-le doucement à voir les choses sous différents angles et à envisager les diverses conséquences d'un acte. Ensuite, laissez-le prendre sa propre décision.

Choisissez le bon moment. Quand les amis de votre fils viennent regarder un match télévisé, ne vous affalez pas sur le canapé pour demander qui sort avec qui. Réservez vos questions à une autre activité, par exemple quand vous faites la vaisselle ensemble.

Prenez des notes. Lorsque la tension est élevée, notez par écrit la raison pour laquelle vous êtes en colère. Laissez la lettre dans sa chambre. L'expression des émotions par écrit évite un face à face qui peut rapidement se transformer en dispute.

« Tu ne comprends pas ! »

« Mon professeur me déteste ! »

« Laisse-moi tranquille ! »

Attention à l'épuisement

De nombreux adolescents sont engagés dans tellement d'activités diverses que, à côté d'eux, les acteurs les plus en vogue passent pour des asociaux. Il y a l'école, le sport, les leçons de musique, la pièce de théâtre scolaire et tutti quanti. Cela leur laisse peu de temps pour se détendre et risque de leur mettre trop de pression. À tel point que les étudiants qui entrent à l'université sont souvent épuisés ou sur le point de craquer.

Voici un petit rappel sur la façon dont vos qualifications au travail peuvent aider votre enfant.

Apprenez-lui à gérer son temps. La gestion du temps s'acquiert... avec du temps. Sortez tous les trucs de votre arsenal pour montrer à votre enfant comment il faut s'y prendre. Expliquez-lui comment créer un échéancier pour un projet qu'il doit réaliser.

Expliquez-lui que, lorsque l'on établit des priorités, il est bon de distinguer les projets urgents de ceux qui peuvent attendre. La clé, c'est de se concentrer sur ce qui est important, même s'il n'y a pas d'échéance immédiate, et de minimiser ce qui n'est pas aussi important, même si cela semble urgent. Lorsque vous sentez que votre fils bloque, aidez-le en lui demandant : « Quelle est l'étape suivante ? »

Mettez l'accent sur le processus. Votre patron ne vous applaudit pas à chaque fois que vous envoyez un courriel. Alors, minimisez les louanges. Faites des commentaires sur les agissements que vous voulez renforcer, mais soyez sincère. Vos enfants sauront très bien si vous l'êtes ou pas. Soyez précise et décrivez ce que votre enfant fait au lieu de parler des traits de personnalité qu'il met à contribution pour accomplir une tâche.

Se responsabiliser. Personne ne sait mieux que vous qu'un emploi est un bon moyen d'apprendre à assumer des responsabilités. N'excusez pas votre enfant si ses conditions

de travail sont médiocres (professeur sévère, patron difficile ou salaire bas). Écoutez-le, mais n'essayez ni d'intervenir ni de résoudre son problème. Votre enfant est la seule personne qui puisse améliorer sa situation, ne serait-ce que par un changement d'attitude.

Prévoyez des moments de détente. Pour la santé mentale de toute votre famille, il est judicieux de prévoir régulièrement une soirée cinéma, une sortie dans un parc ou des dimanches en pyjamas. Si votre enfant est débordé, laissez-le souffler un peu. Il n'y a pas de mal à ça. Limitez dès le début de session le nombre d'activités qu'il peut choisir et gardez les autres pour le semestre suivant.

Renoncez au perfectionnisme. Une des plus importantes leçons que vous pouvez donner à votre enfant, c'est que rien n'a besoin d'être fait à la perfection. Certaines tâches doivent être accomplies simplement pour pouvoir passer à des choses plus importantes. Et un échec n'est pas la fin du monde. Vous agirez de façon différente la fois suivante. Servez de modèle anti-perfectionniste en racontant à votre enfant vos moments ratés et l'expérience que vous en avez tirée pour évoluer.

Quand il est question d'argent

À mesure que votre enfant devient autonome, il est important qu'il fasse son apprentissage sur les questions d'argent et de dettes. Même un jeune enfant peut subdiviser son argent de poche en catégories : les économies, les dépenses et les dons. Apprenez-lui à économiser en lui faisant épargner de l'argent pour acheter un jeu vidéo ou un jouet qu'il convoite. Lâchez du lest sur les économies pour l'université et le concept des intérêts composés. Incitez un enfant plus âgé à chercher un emploi estival ou un stage rémunéré.

Comment composer avec les difficultés

Les enfants d'aujourd'hui grandissent plus vite et ce grâce aux médias et à la technologie. C'est pour cette raison qu'ils

« Donnez l'exemple quand il s'agit de bien gérer le temps. N'essayez pas de vous occuper de tout ni de vous engager dans toutes les activités. Vos enfants apprendront ainsi qu'il est sain de parfois dire non. »

Les nouveaux pièges médiatiques

S'attirer des ennuis et prendre des décisions peu éclairées sont des choses qui arrivent quand on grandit. Mais étant donné que la technologie peut pérenniser les erreurs ou les rendre publiques, nous, les parents, avons un énorme travail de prévention et de surveillance à faire. Dites à vos enfants que vous vérifierez leurs activités en ligne. Le seul fait de savoir cela les fera réfléchir deux fois avant d'afficher des contenus. Vous seule pouvez déterminer l'étroitesse de la surveillance que vous devez exercer.

Mon fils ne m'accepte pas comme amie sur Facebook

Demandez-lui pourquoi et écoutez. S'il mentionne que c'est par besoin d'intimité, promettez-lui de ne pas afficher d'éléments gênants. Une fois qu'il vous accepte comme amie, ne tenez pas pour acquis que vous êtes dans le secret pour tout ce qu'il affiche. En effet, certaines fonctions permettent aux utilisateurs de Facebook d'établir des listes d'amis et de limiter les affichages. Les utilisateurs de Facebook peuvent également se retirer des fonctions recherche. Ce qui fait que votre adolescent pourra vous dire qu'il a fermé sa page, ce que vos recherches semblent indiquer, alors qu'elle est encore active. Si vous en arrivez là, demandez à des proches de vérifier que sa page a bien été fermée.

Une vidéo embarrassante, ça se propage comme un virus

Assurez-vous que vos gamins comprennent bien que certains contenus ne doivent pas être vus par tout le monde. Dites-leur que, une fois qu'ils ont téléchargé une vidéo vers un site, celle-ci y reste. On peut certes retirer un clip, mais une fois qu'un grand nombre de personnes l'auront copié, il y restera à jamais. Parmi les vidéos que vos enfants ne devraient jamais télécharger sont celles prises d'eux quand ils étaient soûls, qu'ils se comportent de façon embarrassante, qu'ils déblatéraient sur des sujets épineux ou quand ils étaient en train de faire l'amour. Et même si cela semble incroyable, ils ne doivent en aucun cas publier des vidéos d'eux en train de commettre un délit, même mineur.

Ma fille s'adonne-t-elle au *sexting* ?

Envoyer des photos et des messages de nature sexuelle, acte également qualifié de *sexting* ou sexto en français, est une activité de plus en plus répandue chez les adolescents. Malheureusement, ces images dont le contenu est interdit aux mineurs restent rarement dans un cercle privé. Alors, comment savoir si votre enfant s'adonne au *sexting* ou s'il se fait harceler par des photos déplacées? Il faut que vous parliez avec lui et que vous lui disiez que c'est interdit. Et cela ne peut que vous aider de connaître quelques expressions sténographiques comme MPMS (mes parents me surveillent) et MEDM (ma mère est derrière moi).

Qu'est-ce que mon enfant a affiché ?

Un gamin qui est en ligne peut diffuser de l'information partout et dispose d'un nombre infini d'occasions d'afficher des données inappropriées. Afin de protéger votre enfant et de lui enseigner la discrétion, établissez des lignes de conduite très strictes. Dites-lui qu'il ne doit publier aucune information personnelle, entre autres nom, adresse et numéro de téléphone. Rappelez-lui que s'il publie des choses compromettantes sur lui, cela pourrait un jour lui nuire gravement. Par exemple, les employeurs font des recherches sur les candidats, sans parler des cyberprédateurs.

Conduite non sécuritaire

Votre adolescente se rend en voiture au centre commercial, mais ne peut attendre d'envoyer un message à sa meilleure amie. Dans un récent sondage, un quart des adolescents américains ont reconnu qu'ils avaient envoyé des messages pendant qu'ils conduisaient. La moitié ont dit qu'ils étaient passagers pendant que le conducteur parlait au téléphone ou envoyait un message. Demandez à votre fille de ranger son téléphone portable dans son sac, et de le déposer sur le siège arrière de la voiture pendant qu'elle conduit. Ainsi, elle ne sera pas tentée d'envoyer de messages pendant qu'elle attend au feu rouge. Et vous devez faire la même chose!

Notre sondage

Votre adolescent vous écoute-t-il ?

72 %
Parfois

19 %
Toujours

7 %
Rarement

2 %
Jamais

sont confrontés plus que jamais à une multitude de dangers. Pour compliquer davantage les choses, les gros problèmes de société actuels (troubles alimentaires, drogue, alcool, dépression, sexualité) se traduisent souvent par des symptômes similaires. Ce qui rend les problèmes plus difficiles à cerner et à résoudre. Surveillez de près tout changement radical soudain touchant la personnalité, le sommeil, l'alimentation, les choix vestimentaires, les secrets ou l'intimité, les dépenses ou l'humeur. Voici quelques conseils pour garder l'œil ouvert :

Adoptez la règle de la porte ouverte. Expliquez à votre enfant que si les choses se compliquent trop pour lui, vous serez toujours là pour lui prêter main-forte, sans jugement.

Soyez directe. Même si les discussions ouvertes sur les sujets sensibles comme la sexualité peuvent susciter un malaise, elles sont essentielles. N'attendez pas que les problèmes surgissent. Établissez très tôt des règles familiales en ce qui concerne la conduite, la drogue et l'alcool, pour que tout le monde sache à quoi s'en tenir. Aidez votre enfant à trouver des façons de se sortir d'une situation difficile si on l'incite à commettre un geste dangereux. Si par exemple vous armez vos enfants de phrases qu'ils pourront utiliser pour se sortir de situations négatives, leur angoisse diminuera et la vôtre également.

Gardez-les près de vous. Les recherches indiquent que les adolescents sont plus portés à s'adonner à des comportements risqués lorsque leurs amis les observent. Alors, remplissez votre réfrigérateur de collations saines et incitez vos enfants à inviter leurs amis chez vous quand vous êtes présente. Assurez-vous également d'entretenir des liens avec les parents des amis de vos enfants.

Enfants qui donnent de leur temps. Les recherches indiquent que les enfants qui font du bénévolat sont moins portés que les autres à adopter des comportements destructeurs. Le bénévolat est un superbe moyen pour un enfant de se sentir valorisé, d'acquérir de nouvelles aptitudes et de se doter d'une vision plus réaliste du travail. Donnez l'exemple en prenant part à un programme de bénévolat ou de collecte de fonds.

Soyez flexible. L'apparente indépendance de votre enfant peut être trompeuse, car les gamins ont encore besoin de leurs parents, surtout dans les moments orageux. Gardez à l'esprit que votre présence peut s'avérer plus importante lorsque vos enfants grandissent, ce qui veut dire que vous devrez réorganiser votre horaire de travail ou faire moins d'heures supplémentaires jusqu'à ce que la crise soit passée.

Et rappelez-vous que...

Lorsque vos enfants vieillissent, chaque jour semble amener son lot de nouveaux défis. Toutefois, malgré le fait que l'enfance semble de nos jours être régie par la vitesse, les choses n'ont pas beaucoup changé: la pression à l'école, la pression des pairs, l'amour non partagé, l'irrépressible besoin de se rebeller... contre tout et rien.

Nos responsabilités ne diffèrent pas grandement de celles de nos mères. En effet, nous devons affronter les mêmes défis et élever nos enfants pour qu'ils soient forts, confiants et indépendants, tout en nous battant contre notre désir de nous accrocher à nos bébés aussi longtemps que possible. Nous souffrons lorsque nous réalisons que nous ne sommes pas les meilleures copines de nos enfants. Mais tout ça, c'est normal, cela fait partie du processus d'évolution d'une mère. Parce que, après tout, ce dont nos enfants ont réellement besoin, c'est de quelqu'un qui impose des limites, qui assure leur sécurité et qui les encourage à aller de l'avant. Ils ont besoin de leurs parents, même s'ils préféreraient se casser une jambe plutôt que de l'admettre.

{ **Entre mamans** }

« Il est important de changer d'attentes à mesure que les enfants grandissent. Chaque maman doit planifier sa vie en fonction des phases par lesquelles passent ses enfants. »

Parlons technologie

Vous vous réveillez pour aller faire pipi au milieu de la nuit et vous vérifiez les messages en provenance du bureau. Peut-être vous situez-vous à l'opposé et êtes parfaitement heureuse de ne rien connaître à la technologie. Notre but ici est de vous aider à trouver un juste milieu.

Lorsqu'elle est utilisée à bon escient, la technologie peut grandement vous faciliter la vie. En fait, les gadgets comme les téléphones intelligents peuvent aider les mères à se rapprocher de ce dont nous rêvons toutes : nous trouver à deux endroits en même temps. Gardez vos enfants à l'œil grâce à la technologie : bavardez sur vidéo avec eux quand vous êtes en déplacement, envoyez un message à votre fille pour lui rappeler que c'est la journée de la bibliothèque. Un mouchard GPS dans le téléphone portable de Benoît vous signalera où il est rendu sur son parcours de retour de l'école. La clé dans tout cela, c'est de vous assurer que vous avez le contrôle sur le gadget, et non l'inverse. Alors, prête à relever le défi de la technologie ?

Comment établir votre nom

Lorsque quelqu'un tape votre nom dans Google, qu'est-ce qui sort ? Si on ne vous trouve nulle part, ou pire, si une criminelle portant le même nom que vous s'y trouve, c'est que vous avez besoin de travailler un tant soit peu sur votre présence sur Internet. Vos futurs patrons et clients ne se gêneront pas pour y faire des recherches à votre sujet. Une présence à caractère professionnel sur la toile est surtout essentielle pour les mères qui ont une entreprise à domicile. Voici quelques trucs pour commencer :

Trouvez-vous une signature. Cernez d'abord ce qui vous distingue de la concurrence. Pensez à un terme qui va au-delà du titre de votre poste et astreignez-vous à une démarche pour trouver le terme que vous conserverez. Par exemple, si vous êtes une directrice de programme, vous pourriez adopter la signature «la personne à consulter pour les stratégies».

Créez un site Web. Un site Internet permettra à vos clients et à vos employeurs potentiels de prendre facilement connaissance de vos références et d'entrer en communication avec vous. Par contre, il faut que votre site ait l'air aussi professionnel que vous et qu'il soit également à jour, sinon il pourrait vous faire plus de tort que de bien.

Créez un portfolio en ligne. En plus de déposer votre CV sur votre site, signalez le travail que vous faites dans le cadre de votre profession. Envisagez également de déposer sur votre site les témoignages de vos clients satisfaits.

Créez un blogue pour faire mousser votre nom. Pour tenir vos clients, vos futurs employeurs et le public au courant des dernières nouvelles concernant votre domaine et vos projets, ajoutez un blogue à votre site, mais seulement si vous êtes prête à faire un suivi régulier.

Assurez-vous un auditoire. Trouvez un auditoire en étant active sur d'autres sites. Lorsque vous faites des commentaires sur d'autres blogues, ajoutez un lien vers votre site.

Les réseaux sociaux

La meilleure façon de trouver des possibilités de carrière ou de collaboration, c'est de réseauter, en personne et en ligne. Maintenant que davantage d'entreprises utilisent les médias sociaux pour recruter, il est impératif que vous y figuriez.

Soyez présente sur les sites professionnels. Soyez active sur les réseaux sociaux où vous connaissez des gens, entre autres par

{ **Entre mamans** }

« Pour réduire mon stress, je passe mon temps libre sur mon blogue à écrire mes pensées sur la maternité et sur mes passe-temps favoris. »

Maman 2.0

Être une mère au travail au 21ᵉ siècle, c'est avoir accès à un vaste éventail d'outils technologiques qui peuvent grandement faciliter la gestion de sa vie.

Les applications. Il existe des applications pour presque n'importe quoi : dresser une liste de courses à faire, contrôler les dépenses familiales...

Les textos. Vous avez besoin d'organiser la prochaine rencontre de jeu avec la nouvelle petite fille de l'école, alors envoyez des textos à votre conjoint.

Le calendrier. Même si vous avez absolument besoin d'un calendrier en papier, un calendrier électronique partageable en ligne vous aidera à rester dans la course.

Le GPS. Lorsque votre enfant est prêt à avoir un téléphone, choisissez-en un avec un GPS, certains peuvent même indiquer à quelle vitesse il conduit.

L'icône « J'aime ». Cliquez sur l'icône « J'aime » de vos boutiques préférées sur Facebook pour obtenir des rabais spéciaux.

le biais des associations professionnelles œuvrant dans votre domaine et par celui de votre université. Par ailleurs, inscrivez-vous à d'autres grands sites de réseautage professionnel comme LinkedIn. Trouvez un titre accrocheur puisque c'est une des premières choses que les gens verront et rendez votre fiche publique. Personnalisez votre adresse URL afin qu'elle soit facile à partager en tant que lien. Élargissez votre réseau en vous mettant en lien avec vos collègues et tous ceux que vous voudriez rencontrer.

Limites personnelles. De plus en plus d'entreprises se vendent par le biais des grands réseaux sociaux. Le truc, c'est de clairement établir les frontières entre votre compte personnel et votre compte professionnel. La façon la plus facile d'y arriver, c'est de créer deux comptes. Vous devez choisir très attentivement les paramètres de votre compte personnel et limiter vos contacts à un petit cercle d'amis et de membres de la famille en qui vous avez confiance. En ce qui concerne votre compte professionnel, n'affichez jamais ce que vous n'aimeriez pas que votre patron lise !

Bonjour, la navigatrice !

Utiliser Internet pour acheter, bavarder ou vous mettre à jour est une magnifique façon de vous évader. Par contre, si vous n'êtes pas vigilante, la navigation peut facilement vampiriser votre temps. Une façon facile de tuer l'obsession dans l'œuf est de marquer votre temps en ligne sur votre calendrier. Dix minutes le matin, 15 à midi, 30 quand les enfants dorment. Si vous êtes déjà accro, il faudra vous arrêter de but en blanc. Ce qui veut dire que vous devrez naviguer seulement une fois par jour sur la Toile. Le temps que vous vous allouez doit correspondre au moment où les enfants dorment et où votre conjoint est occupé à autre chose. Et ne naviguez pas plus de 30 minutes, moins si c'est possible. Vous survivrez !

{ **Entre mamans** }

« En me tenant loin de la technologie à certains moments de la journée, j'ai pu récupérer beaucoup de temps. Je n'avais pas réalisé à quel point ces quelques minutes de plus pouvaient être utiles. »

Quel est le dernier outil technologique que vous avez utilisé ou acquis ?

50 %
J'ai publié sur Facebook

20 %
J'ai téléchargé une application

12 %
Je sais twitter

10 %
Je publie sur mon blogue

8 %
J'ai acheté un iPad

Facebook est un superbe outil pour retrouver d'anciens amis, ainsi que pour rester en contact. Par contre, si vous ne vous souvenez pas de la dernière fois où vous avez mangé avec une amie, vous devriez peut-être penser à voir davantage vos proches en chair et en os. Selon les chercheurs de la clinique Mayo, voir ses amis améliore la sérénité et la santé.

Rencontrer vos amis en personne vous donne de l'énergie. Alors, allez-y et mettez votre fiche à jour, mais servez-vous-en comme d'un appel à l'action. Laissez savoir à votre comité d'amies que vous serez au parc avec vos enfants tout l'après-midi et que vous avez besoin d'autant de compagnie que possible !

Les messages électroniques et la courtoisie

Lorsque vous recevez un message qui vous donne envie de hurler – qu'il s'agisse d'un message mesquin de votre patron ou d'une missive sarcastique de votre adolescent –, n'appuyez pas sur « Répondre ». Donnez-vous au moins une heure. Il vaudrait mieux que vous fassiez un suivi avec la personne en chair et en os plutôt que de vous engager dans un long échange courriels. Les messages envoyés lorsque l'on est dans un état émotionnel pitoyable sont presque toujours regrettables.

Envoyer des courriels ou pas ?

Tenez compte du style de votre entreprise pour décider quand envoyer des messages et combien.

Indiquez vos limites. Si votre employeur estime que l'échange de messages est une activité de toute heure, il est important que vous lui indiquiez vos limites. Le but est de trouver l'équilibre entre les demandes en dehors des heures du travail et le temps alloué à la famille. Vérifiez d'abord si le message n'est pas une urgence. Dans ce cas, répondez pendant les heures de bureau ou choisissez certains moments précis pour répondre, par exemple une fois le matin et une fois le soir.

Cinq choses à faire pour vos messages

Ce qu'il y a de plus difficile avec les messages, c'est que, une fois que l'on a appuyé sur « Envoyer », il n'y a plus moyen de faire marche arrière. Voici quelques conseils à suivre pour éviter les écueils :

BOÎTE DE
RÉCEPTION

MESSAGES
ENVOYÉS

CLAVARDAGE

BROUILLONS

MESSAGES
SUPPRIMÉS

1 Évitez les messages de commérages

Si vous ne pouvez rien dire de gentil au sujet de quelqu'un, il vaut mieux ne rien dire du tout. Parler (écrire) de quelqu'un dans son dos est la recette idéale pour préparer un désastre.

2 Ne faites pas « Réponse à tous »

Même si vous êtes convaincue que tous les parents de la classe de jardin d'enfants devraient être au courant de votre point de vue, pensez-y à deux fois.

3 Relisez votre message

Prenez le temps de bien relire tous vos messages et de vérifier les noms de tous les destinataires.

4 Surveillez le ton de votre message

Pour prévenir tout malentendu, utilisez un appel au début et des salutations à la fin. Il est facile d'interpréter ce qui était censé être une brève note comme un message brusque.

5 Ajoutez le destinataire en dernier

Laissez la liste des destinataires vide jusqu'à ce que vous ayez tout vérifié. Vous pourriez aussi rédiger votre réponse dans un document à part et ensuite faire un copier-coller.

Twitter

Twitter est devenu un outil de carrière essentiel pour suivre les activités des entreprises que vous voulez mieux connaître, ainsi que leur personnel. La créativité sur Twitter peut vous aider à établir des rapports avec des personnes qui pourraient vous offrir votre prochain emploi. Voici les éléments de base concernant Twitter :

1 **Peaufinez votre message d'accueil.** Vous disposez de 140 caractères. Utilisez l'humour fin et abordez uniquement des sujets appropriés.

2 **Servez-vous du dièse.** Le symbole # est employé avant les mots clés pour les catégoriser. Cela aide à faire apparaître le message lorsque les gens font une recherche.

3 **Faites suivre un message.** Si vous trouvez un message que vous voulez diffuser, la fonction RT (ReTweet) sert à expédier le message à vos adeptes.

4 **Renforcez les liens.** Quand vous suivez des gens, cela veut dire que vous recevrez leurs messages. Pour qu'ils deviennent vos adeptes, prenez le temps de répondre à leurs messages.

5 **Inspirez-vous des messages les plus en vogue.** Pour voir ce qui fonctionne, lisez les tweets connus.

Évitez l'évitement. Quand vous êtes en désaccord avec un collègue, il est possible que vous employiez les messages électroniques pour éviter le contact en personne. Rappelez-vous qu'il n'y a rien de mieux que la communication en personne.

Faites preuve de respect. Lorsque quelque chose de terrible s'est produit ou que vous recevez de mauvaises nouvelles, un message électronique n'est en général pas le mode de communication approprié. Ne licenciez pas quelqu'un, ne parlez pas d'une maladie et n'envoyez pas de condoléances par courriel.

Ne comptez pas sur l'intimité. Gardez toujours à l'esprit que les messages que vous envoyez à partir du bureau sont la propriété de l'entreprise et qu'ils peuvent être récupérés, examinés et utilisés en cour. En règle générale, n'envoyez jamais de messages que vous ne voudriez pas que votre patron lise.

Les messages personnels. Tout comme vous ne voulez pas que les messages concernant le travail envahissent votre vie familiale, il vaut mieux répondre aux messages personnels en dehors des heures de bureau. Ceci n'est pas toujours fonctionnel pour les mamans qui dirigent des entreprises à partir de chez elles. Certaines entreprises sont plus laxistes que d'autres à cet égard.

Accro au téléphone intelligent ?

Ces appareils sont des bouées de sauvetage poids plume pour les mères au travail, qui peuvent ainsi garder le contact avec le bureau pendant qu'elles n'y sont pas et avec leur famille quand elles sont au bureau ou en déplacement. En ajoutant de la musique, des livres électroniques et des applications, vous pouvez vous distraire à l'infini à n'importe quel moment. Par contre, cela devient problématique si vous ne réussissez pas à l'éteindre ou si votre bambin essaie de le cacher pour avoir enfin votre attention (31 % des femmes ayant répondu à notre sondage ont reconnu être accros à leur téléphone). Voici comment vous désintoxiquer :

{ **Entre mamans** }

« Mettez vos téléphones intelligents de côté quand vous rentrez chez vous. Je vous assure que le travail sera encore là le lendemain matin. »

65 %
des femmes ne limitent pas leur temps devant l'écran.

71 %
des femmes limitent le temps de leurs enfants devant l'écran

Fixez-vous des limites. Vous surprenez-vous à vérifier vos messages pendant que vous jouez avec vos enfants ? Alors, il est temps de vous fixer des limites. Éteignez votre téléphone pendant une période déterminée, par exemple du repas du soir jusqu'à l'heure du coucher des enfants.

Donnez l'exemple. Si vous êtes cadre, respectez vos subalternes en ne leur envoyant aucun message en dehors des heures de bureau.

Établissez des priorités. Les membres de votre famille vous disent-ils qu'ils en ont assez de devoir vous partager avec un appareil électronique ? Sondez votre cœur et vérifiez ce qui est le plus important dans votre vie.

Liens familiaux plus forts

Les sites de réseaux sociaux comme Facebook peuvent vous aider à devenir une meilleure mère. Montrez à votre bambin à quel point vous aimez son collier fait de pâtes en déposant des photos de ses réalisations sur votre page. Mettez-y aussi des messages encourageants pour votre préadolescent, comme « C'était un but fantastique ! » Mais faites attention de ne pas trop en faire, au risque d'embarrasser votre enfant.

Les médias sociaux peuvent aussi aider vos enfants à rester en contact avec vous pendant que vous êtes en voyage d'affaires. Activez les applications fonctionnant sur GPS quand vous arrivez dans un lieu. Ainsi, vos enfants pourront suivre leur mère à la trace. Transférez-leur des photos pour qu'ils puissent voir où vous séjournez. C'est aussi le moment parfait pour parler en direct à l'écran.

Numérisez les travaux artistiques de vos enfants et affichez des photos pour que les grands-parents aient l'impression qu'ils vivent à côté de chez vous. Par contre, épargnez vos collègues et envoyez les détails du bulletin scolaire de fiston seulement aux membres de votre famille.

La technologie et vos enfants

À quel âge les enfants devraient-ils avoir leur premier téléphone portable ? En fait, la question ne devrait pas concerner l'âge, mais la maturité de votre enfant et son développement émotionnel, ainsi que vos propres valeurs. Voici quelques éléments vous permettant de détecter si, oui, votre enfant est prêt à entrer dans le monde de la technologie :

Téléphones portables. Dès l'instant où votre enfant saura se déplacer seul, il devrait pouvoir se servir d'un téléphone portable. Toutefois, vous devrez établir des règles concernant les personnes qu'il peut appeler et le nombre de messages qu'il peut envoyer.

Ordinateurs portables. Il n'y a aucun mal à ce que même un enfant d'âge préscolaire ait un ordinateur si vous limitez le temps qu'il passe à l'utiliser et le genre de contenu auquel il a accès.

iPod ou l'équivalent. Tout enfant qui éprouve des problèmes de gestion de son temps aura besoin de se voir imposer des limites. La création de listes de musique prend beaucoup de temps. Toutefois, si votre enfant est raisonnable, laissez-le s'amuser. Mettez les écouteurs de côté, car ils augmentent le risque de perte d'ouïe.

La technologie est la meilleure alliée des mamans !

Le but de tous ces appareils électroniques est de rendre notre vie plus facile, et pas plus stressante. N'est-ce pas merveilleux de pouvoir voir votre bébé en temps réel, alors que vous êtes à 1 500 kilomètres de lui, de pouvoir suivre votre enfant à la trace, ou d'envoyer un texto à votre préadolescent pour lui demander quand il arrivera à la maison ? Tout ce qu'il vous reste à faire, c'est de vous avoir à l'œil, vous. Si la perte de votre Androïd se trouve sur la liste des pires choses qui pourraient vous arriver, il est temps de réfléchir.

9

Vogue la galère!

Pour nous, les mères qui travaillent, les années peuvent filer sans que nous remarquions si nous sommes rendues là où nous le souhaitons. Nous nous retrouvons souvent sur le pilote automatique à accomplir le maximum de choses tout en essayant de rester à peu près saines d'esprit au travail et à la maison. Il n'y a pas de mal à naviguer ainsi, pourvu que nous mettions de temps à autre notre barque de maman en cale sèche.

Prenez une semaine ou un mois pour évaluer où vous en êtes dans votre carrière. Globalement, a-t-elle un sens pour vous ? Êtes-vous heureuse ? Vos enfants et votre conjoint aussi ? Peut-être la réponse à ces questions sera-t-elle évidente et si c'est un « Oui » bien net, c'est formidable. Si ce n'est pas le cas, le moment est venu de vous pencher sur la situation.

Parlez à votre famille, enfants y compris s'ils sont assez âgés, pour qu'elle donne son avis. Parlez à une amie ou à un conseiller en carrière pour avoir un point de vue nouveau. Comme toujours, le but est de trouver le juste milieu entre le travail et la famille. Étant donné que 71 % des mères au travail ayant participé au sondage de *Working Mother* ont rapporté se sentir déchirées entre leur travail et leur famille, voyons sans tarder comment les aider.

Un temps d'arrêt

Pour certaines d'entre nous, le travail perd de son attrait quand un bébé arrive et nous voulons rester à la maison, même si nous étions certaines de vouloir revenir au travail. Peut-être votre enfant est-il maintenant au secondaire et a-t-il davantage besoin de vous? Rater l'occasion de passer du temps avec lui peut même s'avérer plus ardu si la situation au bureau est médiocre ou trop exigeante. Si vous passez par une phase difficile, pourquoi ne prendriez-vous pas un congé ou n'effectueriez-vous pas un changement? En plus d'évaluer si vous pouvez financièrement vous permettre d'arrêter de travailler et si vous pouvez économiser pour l'avenir, je vous conseille de vous poser les questions suivantes :

L'herbe est-elle vraiment plus verte à la maison ? Essayez d'être une mère au foyer pendant votre congé lorsque votre famille n'est ni en vacances ni en voyage. Voyez comment vous vous sentez pendant une semaine moyenne horrible, seule avec votre bambin. À part être épuisée, comment vous sentez-vous ?

Que pouvez-vous changer ? Prenez en compte votre charge de travail, vos congés et votre salaire. Demandez-vous ce qui vous empêche d'aimer votre travail actuel. Pourriez-vous vous faire transférer dans un autre service ?

Qu'avez-vous à perdre ? Évaluez le marché dans votre domaine et parlez avec d'autres mères qui ont décidé de cesser de travailler à l'extérieur. Demandez-leur le degré de difficulté qu'elles ont connu lorsqu'elles ont essayé de reprendre leur carrière après avoir pris un temps d'arrêt.

Le nouveau visage de la flexibilité

Vous vous êtes posé toutes les questions et vous avez fait vos calculs. Si vous avez découvert qu'être mère au foyer n'est pas la meilleure option pour vous, allez voir votre patron pour aborder la possibilité d'obtenir un horaire de travail non conventionnel.

{ **Entre mamans** }

« Ne doutez pas de vous-même si vous êtes une mère célibataire. Quand mon fils a eu deux ans, j'ai divorcé et je suis retournée aux études, tout en continuant à travailler. Ensuite, j'ai pu me trouver de meilleurs emplois et travailler à la maison, ce qui m'a permis d'apprécier l'adolescence de mon fils. »

Avez-vous demandé à avoir un horaire flexible ou à mi-temps après votre congé de maternité ?

64 %
Non

36 %
Oui

Les horaires flexibles. Les employeurs qui acceptent les horaires flexibles comprennent très bien qu'un horaire identique pour tous les employés n'a pas vraiment de sens. Les employés qui bénéficient d'un horaire flexible disposent d'une marge de manœuvre pour planifier leurs heures de travail. Ils peuvent par exemple être au bureau de 8 h à 16 h, au lieu de 9 h à 17 h. Souvent, les cadres veulent que tous leurs employés soient présents aux réunions, habituellement entre 11 h et 15 h. En dehors de cela, les employés peuvent organiser leur travail en fonction de leurs besoins.

Semaine de travail comprimée. Cette disposition permet aux employés de travailler davantage certaines journées afin de pouvoir prendre un congé pendant la semaine. Par exemple, vous pourriez faire plus d'heures pendant neuf jours et avoir un vendredi sur deux de congé. Disposer d'une journée complète de congé pendant la semaine tout en gardant le même salaire présente des avantages, surtout si vos déplacements quotidiens sont longs.

Le télétravail. Cette disposition, aussi qualifiée de travail à domicile, permet aux employés d'être reliés à l'entreprise en tout temps et à partir de n'importe quel endroit par le truchement de l'électronique. L'idée de base, c'est que le travail est quelque chose que l'on accomplit, pas un endroit où on va. Selon l'International Telework Association (Association internationale du travail à domicile), la moyenne généralement considérée acceptable par les employeurs est de deux jours de travail à domicile par semaine.

Partage d'emploi. Cela permet à deux personnes de partager un emploi, soit en travaillant en demi-journées alternées, en journées alternées ou en semaines partagées. Pour cela, il est essentiel de trouver la partenaire idéale, car vous devez avoir toutes deux des relations et une éthique de travail solides.

Rendez-vous indispensable

Quand vous avez un bon boulot, vous voulez le conserver, peu importe ce qui se passe avec l'économie. La clé, c'est de convaincre votre supérieur que vous lui êtes indispensable. Voici comment :

Pensez au profit

Soyez la personne à laquelle on s'adresse pour suggérer des idées. La débrouillardise engendrée par la maternité vous donnera une longueur d'avance !

Appuyez bien votre supérieur

Arrangez-vous pour qu'il fasse bonne figure en compensant ses points faibles. Est-il désorganisé et souvent en retard ? Soyez rigoureuse, et rappelez-lui délicatement ses échéances.

Assumez des tâches supplémentaires

Il y a toujours d'importantes tâches dont personne ne veut. Lorsque vous le pouvez, levez la main et augmentez votre visibilité, sans être servile toutefois.

Soyez la centrale de l'information

Conservez les listes de contacts précieuses pour votre entreprise. Mettez-les souvent à jour et soyez la personne que l'on vient voir pour trouver un numéro de téléphone.

Sortez de votre bureau

Si vous voulez qu'on vous considère comme autre chose qu'une fourmi, allez rencontrer en personne les gens de votre entreprise.

Travaillez de la maison avec efficacité

Que vous travailliez occasionnellement ou dirigiez une entreprise à partir de chez vous, vous vous sentirez libérée des contraintes du bureau. Vous pouvez porter un survêtement, vous n'avez pas besoin de vous déplacer. Par contre, le travail à domicile comporte tout de même des défis.

1 Des distractions et encore des distractions

Le travail à la maison consistant le plus souvent en une table et un ordinateur portable installés dans une pièce à double usage, il est facile de se laisser distraire par les obligations domestiques et d'oublier le travail.

Que faire ? Servez-vous de bibliothèques, rideaux et paravents pour délimiter votre zone de travail. Ainsi, il vous sera plus facile de rester concentrée.

2 L'isolement

Beaucoup de gens sont galvanisés par la dynamique d'un bureau. Le travail à domicile présente aussi un autre inconvénient : vous vous trouverez fatalement exclue des séances de remue-méninges ou des réunions de gestion de crise, ce qui pourrait vous faire un peu oublier au bureau.

Que faire ? Établissez de solides relations avec d'autres personnes qui travaillent à partir de chez elles. Mettez des déjeuners à l'agenda et restez en contact avec vos collègues. Appelez souvent pour être informée des affaires courantes.

3 Les interruptions

Comme c'est le cas au bureau, vous aurez aussi chez vous à composer avec des gens qui se feront un plaisir de vous interrompre.

Que faire ? Habituez votre famille à comprendre que le fait d'être à la maison ne veut pas dire que vous êtes disponible. Établissez des règles : ne pas interrompre à moins d'une urgence, ne toucher à aucun matériel de bureau et maintenir le niveau de bruit au minimum pendant les heures de travail.

4 La procrastination

Lorsque aucun supérieur n'est là pour vous surveiller, vous pouvez travailler à votre rythme. Mais la procrastination peut facilement s'immiscer dans votre travail.

Que faire ? Dressez un échéancier de travail. Vous pourriez avoir davantage besoin de structure que lorsque vous êtes au bureau. Sur votre calendrier, choisissez des blocs de temps auxquels vous rattacherez des tâches. Récompensez-vous lorsque vous maintenez le cap.

5 La dépendance technologique

Vous pourriez vous retrouver à constamment vérifier vos gadgets électroniques. Le problème, c'est que cette tendance peut déborder sur le temps réservé à la famille.

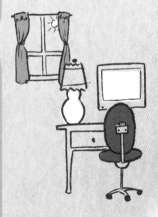

Que faire ? Avertissez vos collègues que vous ne vérifierez pas vos messages pendant que vous travaillez sur un dossier et qu'ils peuvent vous appeler en cas d'urgence.

Avantages et inconvénients

Il y a bien des choses appréciables quand on est une mère qui travaille, mais cela comporte certains inconvénients. Aussi longtemps que les « pour » dépasseront les « contre », vous êtes sur la bonne voie ! Jetez un coup d'œil au nombre de mamans qui ont répondu à notre sondage et sont tombées d'accord avec les affirmations suivantes :

Ce qui est génial :

84 %
Travailler avec des gens créatifs

80 %
Donner le bon exemple à mes enfants

62 %
Avoir une carrière significative

58 %
Être financièrement autonome

57 %
Avoir une vie en dehors de ma vie de mère

56 %
M'accomplir professionnellement

Ce qui l'est moins :

92 %
Ne pas avoir assez d'heures dans la journée

79 %
Être stressée et débordée

71 %
Me sentir déchirée entre le travail et les besoins de ma famille

66 %
Ne pas être disponible pour mes enfants

Travail stimulant supplémentaire

Lorsque vous essayez de calculer quelle sera la prochaine manœuvre à adopter, l'acceptation d'un dossier supplémentaire stimulant pourrait augmenter vos aptitudes. Portez-vous volontaire pour un dossier très en vue ou pour une nomination à court terme dans une autre section de l'entreprise. Avertissement : si vous avez déjà les bras pleins, ce n'est pas le moment de chercher à obtenir davantage de responsabilités. Toutefois, une promotion fait exception à cette règle. Ne tenez pas automatiquement pour acquis que vous êtes trop affairée pour assumer davantage de responsabilités. Considérez ceci comme une occasion de négocier de meilleures heures de travail, une description de tâches qui vous conviendrait mieux et un salaire plus élevé. Tenez compte du fait qu'un surplus d'argent peut ouvrir la porte à un service de garde différent, par exemple une bonne d'enfants à domicile.

Chercher un nouvel emploi

Votre supérieur ne comprend pas pourquoi vous voulez rester à la maison parce que votre enfant a une conjonctivite aiguë. Des employés embauchés après vous ont eu de l'avancement. Vous vous ennuyez. Vous êtes en colère. Vous commencez à utiliser de plus en plus souvent vos congés de maladie. On dirait que le moment est venu pour vous de chercher un autre emploi. Avant de vous braquer, envisagez les solutions suivantes pour entamer le processus :

Entrez en contact avec des gens. De façon discrète, établissez des liens avec tous ceux que vous connaissez. Dites-leur le genre de travail que vous cherchez en précisant que vous êtes ouverte à la nouveauté. Demandez-leur le nom de personnes qui pourraient vous aider. Et assurez-vous de faire un suivi.

Mettez votre CV à jour. Relisez votre CV et enjolivez-le en vous assurant qu'il n'énumère pas seulement une liste de tâches. Montre-t-il que vous êtes une employée modèle ? Souligne-t-il les avantages qu'une entreprise retirerait à vous embaucher ?

Un peu d'exploration. Soyez stratégique dans votre façon de procéder. Voulez-vous trouver un travail semblable ou préférez-vous changer? Qu'est-ce qui est le mieux pour votre famille?

Établissez des contacts avec assurance

Certains débordent d'entregent et la création de réseaux leur vient instinctivement. D'autres doivent faire des efforts, ce qui en vaut la peine, surtout si vous aspirez au changement. En affaires, il est essentiel de maîtriser l'art de faire la conversation pour agrandir votre cercle de connaissances et mettre de votre côté pléthore de nouvelles personnes, prêtes à dresser l'oreille pour vous. Si vous avez un nœud à l'estomac et un chat dans la gorge quand vous vous présentez, essayez ces quelques trucs:

- Réfléchissez à l'avance. Vous vous sentirez moins angoissée si vous vous êtes préparée à émettre une phrase pleine d'esprit après les présentations.

- Tenez-vous au courant des événements à succès du moment. Restez au courant des lieux à la mode, entre autres les expositions. Ces éléments vous aideront à meubler la conversation après les présentations.

- Entraînez-vous. Faites la conversation avec les caissières au supermarché, la personne âgée devant vous au bureau de poste, l'adolescent dans la salle d'attente de votre médecin.

- Prenez des notes. Lorsque vous entendez une histoire ou une blague drôle, que votre enfant dit quelque chose qui vous fait éclater de rire ou que l'on vous a raconté une anecdote qui a beaucoup de succès, mettez-le noir sur blanc.

Comment rattraper une entrevue qui a dérapé

Félicitations! Vous avez obtenu un rendez-vous pour l'emploi de vos rêves. Vous avez fait des recherches sur l'entreprise. Vous êtes tirée à quatre épingles, mais le gars qui vous fait passer l'entrevue regarde si souvent sa montre que vous avez

Comment profiter d'un emploi que vous aimez

Dans ce chapitre, même si nous mettons l'accent sur le changement, nous savons pertinemment qu'un grand nombre de mères au travail apprécient leur métier et veulent uniquement progresser dans leur domaine. Nous avons une bonne nouvelle : une mère sur quatre ayant participé à notre sondage dispose de mentors professionnels qui lui procurent conseils et accompagnement. Certaines entreprises poussent ce concept un peu plus loin grâce aux commanditaires. Voici comment trouver un mentor :

Les atomes crochus. En fonction de votre personnalité, pensez aux types de personnes avec lesquelles vous avez aimé travailler.

Soyez stratégique. Cherchez une personne dont vous pourrez apprendre plutôt qu'une personne qui a des titres impressionnants. Acceptez le conseil que vous donneriez à votre enfant lorsqu'il cherche quelqu'un avec qui jouer au parc.

Passez le mot. Adressez-vous aux gens de votre réseau. Gardez l'esprit ouvert quant au genre, à la localisation et même au domaine d'activité. Les meilleurs conseils pourraient peut-être provenir d'une personne œuvrant dans un domaine totalement différent.

Faites preuve de créativité. Pensez à la personne la plus intelligente que vous connaissez et invitez-la à manger. Demandez-lui de vous parler de ses mentors et de vous dire si elle connaît quelqu'un qui pourrait vous aider.

Ne vous mettez pas de limites. Trouvez et fréquentez des gens qui ont réussi et qui sont disposés à vous procurer idées et conseils.

Quelle est l'affirmation qui décrit le mieux votre attitude face à votre travail?

56%
J'ai une carrière

44%
J'ai un boulot

envie de la lui arracher du poignet. Voici comment rattraper le coup:

Remémorez-vous votre objectif. Vous n'avez pas réellement besoin d'obtenir l'emploi dans l'immédiat, seulement de pouvoir être reçue pour les prochaines entrevues.

Sortez votre auditoire de sa torpeur. Dites quelque chose qui retiendra l'attention, par exemple des nouvelles surprenantes dans le domaine en question, et parlez d'un dossier dans lequel vous avez excellé.

Agissez comme un politicien. Vous avez des enfants, vous saurez comment faire. Si on vous pose une question à laquelle vous ne voulez pas répondre, changez de sujet.

Montrez-vous sûre de vous. Ce n'est pas tant ce que vous dites que la façon dont vous le dites qui compte. Si on vous pose une question difficile, répondez: «Je ne sais pas, mais j'apprends vite», au lieu de marmonner des propos incohérents.

Démissionnez sans couper les ponts

Faites sonner les trompettes, car on vous a proposé un emploi que vous ne pouvez refuser. Le moment est venu d'en informer votre supérieur. Voici une stratégie qui vous permettra de quitter votre emploi sans que vous claquiez la porte.

Faites attention à l'explication que vous donnez de votre départ. Le fait de dire: «Une incroyable occasion s'est présentée que je ne peux ignorer» est tout à fait acceptable. Mais il ne l'est pas de dire: «J'ai trouvé un supérieur qui n'est pas un empoisonneur narcissique faisant de la microgestion.»

Faites preuve de flexibilité en ce qui concerne votre dernier jour de travail. Donnez un préavis d'au moins deux semaines, ce qui est professionnel. Si un nouvel employé met de la pression sur vous pour que vous partiez plus tôt, ne cédez pas. Laisser un patron dans l'embarras n'est jamais une bonne chose. Si vous partez pour lancer votre propre entreprise, vous aurez les coudées franches et votre employeur pourrait être votre premier client! Essayez de garder un peu de temps libre entre les deux emplois pour recharger vos batteries.

Restez en contact avec vos anciens collègues. Vos camarades de travail et vos supérieurs sont des gens qui connaissent votre valeur et vos mérites. Prenez un café avec eux quand vous le pouvez.

Faites la paix avec le changement

Prendre le temps de réfléchir en profondeur au déroulement des événements peut vous faire peur. Mais vous savez quoi? C'est également une aventure et ne pas savoir ce qui va se passer peut s'avérer stimulant. Lorsque vous sentez votre cœur s'emballer, respirez profondément et rappelez-vous que ce qui vous attend, c'est une occasion en or d'être créative et d'évoluer.

Même si une nouvelle avenue suscite de l'incertitude, en fin de compte, ce sera toujours pour le mieux. Espérons que vous le comprendrez lorsque ce sera le cas et que vous aurez un incroyable nouveau patron qui écoute ce que vous avez à dire. Et sinon, vous aurez à faire un peu de ménage pour réaliser où vous êtes rendue.

Ce qui compte, c'est que vous êtes sortie d'une situation peu satisfaisante. L'objectif, c'est de trouver une voie professionnelle inspirante, qui vous lance des défis et, surtout, qui vous rend heureuse. Bien sûr, il vous faudra peut-être emprunter des routes secondaires et des chemins vicinaux pour y arriver. Et alors? Vous apprendrez toujours davantage à chacun des méandres et vous vous rapprocherez sans cesse de votre but.

10

Travailler n'importe où

Les femmes sont en train de redéfinir ce qu'est une mère au travail. Fini la femme au tailleur sombre terrée de neuf à cinq dans son bureau. Elle a été remplacée par un grand éventail de mères au travail différentes, de l'analyste financière à talons aiguilles au centre-ville à la conceptrice de bijoux qui est chez elle en survêtement à capuchon et qui vend ses créations par Internet.

La technologie, le talent et le mode de pensée avant-gardiste de certains employeurs permettent non seulement aux femmes de choisir ce qu'elles veulent faire, mais aussi de leur laisser le loisir de contrôler le lieu et le moment où elles travaillent. Libérées du bureau, ce lieu d'avancement si prévisible, et du préjugé «Comment pouvez-vous travailler et être mère en même temps?», de nombreuses femmes atteignent de nouveaux sommets sur le marché du travail.

Certaines ont des emplois qui ne leur permettent pas de travailler à domicile ou d'avoir un horaire flexible. D'autres, même si elles ont plus de contrôle sur leur carrière, ne jouissent pas d'une situation aussi idyllique qu'il semblerait. Certaines femmes qui travaillent à domicile déclarent que le travail à distance est plus ardu parce que leur supérieur et leurs collègues scrutent leurs résultats encore plus qu'avant. Mais, à l'inverse des générations qui ont donné forme au marché du travail avant nous, notre génération dispose de beaucoup plus de possibilités pour tracer son propre itinéraire.

Comment donner un rythme à votre carrière

Votre vie professionnelle comporte diverses phases de développement, tout comme l'enfance. Lorsque vos enfants sont jeunes et qu'ils veulent rester auprès de leur maman, vous pourriez mettre votre carrière en sourdine en choisissant un poste moins accaparant ou un poste de conseillère à mi-temps. Vous pourriez aussi saisir l'occasion de rester à la maison si un tel choix vous convient. Lorsque vos enfants deviendront plus autonomes, vous aurez peut-être l'énergie et la motivation de remettre votre carrière sur les rails.

Cela ne veut pas dire que les mères au travail n'ont plus besoin de jongler. Cela signifie qu'elles peuvent se prévaloir de plus de moyens leur permettant de moins s'épuiser. Peut-être un horaire flexible vous permet-il de laisser votre gamin à la maternelle à neuf heures et d'arriver au bureau à neuf heures trente. Vous pouvez travailler à domicile le vendredi et faire du bénévolat entre midi et 14 heures à l'école de votre fils. Coincée dans un bouchon au moment où a lieu une conférence téléphonique ? Appelez de votre voiture, en main libre bien sûr.

De plus en plus de mères au travail peuvent rythmer elles-mêmes l'intensité et la direction de leur vie professionnelle. Pouvoir contrôler le moment, le lieu et la durée du travail peut aussi permettre de rester en santé. Les recherches ont démontré que les gens qui disposent de davantage de flexibilité au travail jouissent d'un plus grand bien-être physique et mental que ceux qui ont des horaires rigides. Leur tension artérielle est plus basse, ils dorment mieux et ont plus d'énergie.

Comment établir des frontières

Vous n'êtes pas pour autant perdue si vous travaillez dans une entreprise qui n'est pas aussi flexible que souhaité. Il faudra peut-être que vous fassiez de votre mieux pour établir les frontières entre boulot et vie familiale. Donnez-vous simplement la permission d'imposer des limites. Personne mieux que vous ne peut le faire, et certainement pas votre patron.

« Ne tenez pas pour acquis que vous ne pouvez pas modifier vos heures de travail. Demandez quelles sont les possibilités de travail à domicile ! C'est ce qui m'a aidée à garder l'équilibre et à maintenir le contact avec mes enfants. »

L'établissement de frontières personnelles est aussi important pour vous que les règles que vous avez créées pour vos enfants.

Coup d'œil sur l'avenir

Lorsque les horaires flexibles ont commencé à faire leur apparition sur le marché du travail, c'était quelque chose de révolutionnaire. Travailler pour une entreprise qui offrait cette possibilité s'apparentait à un gain au loto.

Milieu de travail où seuls les résultats comptent. Dans le cadre de cette disposition, les employés peuvent travailler où et quand ils le veulent, pourvu que le travail qui leur est confié soit terminé à temps. Il n'y a pas de réunions obligatoires, pas de pression à faire acte de présence. Le seul but est de bien faire le boulot et de le faire dans les délais prescrits. La direction de Best Buy a été une pionnière en la matière. Depuis, Gap et IBM, entre autres, ont adopté cette approche.

Travailler n'importe où grâce à Internet. Grâce à Internet, vous pouvez travailler à partir de n'importe quel endroit. Si vous êtes plus productive en travaillant sur un banc public, c'est à cet endroit que vous devriez préparer votre exposé de vente. Les employeurs et leurs employés ont même découvert que le changement de milieu ambiant peut mettre de meilleure humeur, augmenter la créativité et la productivité.

Personnalisation de masse des carrières. Cette disposition permet aux employés d'apporter des changements fondamentaux à leur charge de travail, leurs responsabilités, leur lieu de travail et leurs horaires. Deloitte, la grande firme internationale, a mis sur pied ce programme pour prouver qu'elle croit que les employés sont plus satisfaits (et par conséquent plus loyaux et plus fidélisés) lorsqu'ils peuvent faire concorder leur vie avec leur travail. Ainsi, l'entreprise prend les besoins des employés au sérieux et crée une culture du travail où la flexibilité devient la norme. Il se pourrait bien que cette tendance touche bientôt votre entreprise.

Gérer le télétravail

La liberté de travailler où et quand on veut vient avec son lot de problèmes, entre autres les étranges conférences téléphoniques, les connexions Wi-Fi faibles et les batteries à plat. Voici les choses à faire et à ne pas faire pour vous faciliter la vie en la matière :

Planifiez les conférences téléphoniques. Assurez-vous d'envoyer les documents pertinents à vos collègues en avance. Pendant la conférence, évitez les questions d'ordre général. Il vaut mieux demander directement à certaines personnes leur réaction. Terminez par un résumé et par l'annonce des étapes à venir.

N'évitez pas la caméra quand vous êtes en conférence vidéo. Regardez directement dans la lentille, même s'il est tentant de regarder votre écran pour voir les visages de vos collègues. Enfin, puisqu'il y a très souvent des délais dans les transmissions, une seule personne devrait parler à la fois.

Les appels interrompus. Les zones sans relais peuvent occasionner des situations où tout le monde se court après. Établissez comme règle que la personne qui a organisé la conférence est celle qui rappelle.

N'abusez pas des points d'accès Wi-Fi. C'est formidable de changer de décor et de sortir de votre bureau à domicile. Mais lorsque vous vous servez d'un point d'accès Wi-Fi, certaines règles sont à respecter. Tout d'abord, ne prenez pas plus de place que nécessaire. Ensuite, commandez quelque chose à manger ou à boire.

Laissez votre boîte vocale prendre les messages. Ce n'est pas parce que votre téléphone sonne qu'il est toujours approprié de répondre. Faites « Ignorer » dans un ascenseur, dans le bus ou dans le train, et partout ailleurs où la distance entre vous et les autres est trop restreinte.

Soyez votre propre patron

Si vous envisagez de monter votre propre entreprise, dites-vous que vous n'êtes pas seule. Le nombre d'entreprises dont les propriétaires sont des femmes augmente deux fois plus vite que celles où les propriétaires sont des hommes. Il ne s'agit pas seulement d'une tendance, c'est un mouvement généralisé. Voici les signes qui indiquent que vous êtes prête à être votre propre patron :

1 Vous vous sentez à l'aise avec un certain niveau de risque, y compris celui de renoncer à la régularité des chèques de paie. Pour monter une affaire, il faut un peu de temps, il est essentiel que vous disposiez au départ d'un certain montant d'argent.

2 Vous avez fait des recherches et trouvé ce qui vous fait vibrer. Cela peut sembler évident à dire, mais vous devez vous assurer qu'il y a un marché pour votre service et que vous apporterez quelque chose de nouveau.

3 Vous êtes prête à vous engager à long terme. Sachez que la route vers le succès sera semée d'embûches. Selon la Small Business Association (Association des petites entreprises), environ la moitié des petites entreprises font faillite au cours des cinq premières années. Avoir un plan à long terme et beaucoup de soutien vous aidera à rester dans la course.

4. Vous êtes motivée et confiante. Vous ne devrez plaire qu'à vous-même. Il faut aussi que vous ayez de l'autodiscipline. Non seulement vous devrez travailler dur et de longues heures, mais il faudra aussi que vous vous vendiez, vous et votre entreprise. Si vous n'êtes pas à l'aise avec cet aspect, ce genre de travail n'est peut-être pas pour vous.

5. Vous vous inquiétez, mais juste assez. Si vous rejouez minutieusement divers scénarios dans votre esprit et que vous cherchez une façon de mieux faire la fois suivante, vous ferez avancer votre entreprise. Les gens qui ont tendance à se reposer sur leurs lauriers manquent souvent de belles occasions.

6. Vous êtes flexible. Vous êtes quelqu'un qui aime le changement et qui s'adapte facilement. Cela ne vous dérange pas si les choses ne se déroulent pas toujours comme prévu.

7. Vous voyez le monde tel qu'il est plutôt que comme vous pensez qu'il devrait être. Il n'y a pas de mal à être optimiste, mais il faut aussi être réaliste. Savoir prendre du recul et évaluer clairement ce qui fonctionne ou pas sera un atout essentiel.

Créez un comité de soutien

Si votre entreprise n'en est pas dotée, demandez si vous pouvez en créer un pour les mères. Ces comités gagnent en popularité, car ils permettent aux employées qui ont des aspects communs – leur appartenance ethnique, leurs aptitudes ou leurs circonstances de vie – de se soutenir les unes les autres et de chercher des solutions aux obstacles auxquels elles sont confrontées. Si vous faites partie d'un tel comité, vous pouvez y exprimer vos idées et contribuer à ce que des changements soient effectués à grande échelle dans l'entreprise.

Une autre idée à explorer, c'est de mélanger travail et plaisir en mettant sur pied un comité informel de mères au travail. Il s'agira peut-être tout simplement d'envoyer un courriel à toutes vos copines qui sont des mères au travail et de les inviter à venir boire un verre une fois par mois. Pour que les choses ne stagnent pas, incitez vos copines à amener des amies qui sont aussi des mères au travail.

Ne vous excusez pas

Quelqu'un a tiqué quand vous avez mentionné que vous avez des enfants et que vous travaillez? (Les mères au foyer sont accueillies par la même réaction, le saviez-vous?) Si on remet en question votre choix de travailler, il est bon d'avoir déjà une réponse toute faite qui décontenancera votre interlocuteur. Par exemple : «Pourquoi élever mon enfant alors que quelqu'un d'autre peut le faire à ma place?» Toute critique sera illico tuée dans l'œuf. Si vous trouvez cela trop narquois, essayez cette réponse honnête (mais un peu mélo): «Je travaille justement pour que mon enfant ait un foyer.» Le jugement est quasiment un sport de compétition chez certaines femmes. Peu importe. Où et quand vous choisissez de travailler ne regarde personne, sauf vous.

Osez changer

Le monde du travail peut parfois s'avérer accablant, car il nous demande d'être flexible au quotidien. Les femmes rejoignent de plus en plus cet univers. Pour certaines, les domaines dans lesquels elles travaillent sont aussi en pleine mutation. D'autres se mettent la barre très haute pour devenir plus compétentes et atteindre de nouveaux sommets. Peut-être préférez-vous laisser les occasions se présenter sans les provoquer ?

La clé ici est de reconnaître si vous ne bougez pas parce que vous avez peur de l'inconnu et donc de l'échec. Si oui, donnez-vous un discours d'encouragement. Pensez à faire de petits pas en avant. Abandonner votre zone de confort peut s'avérer une expérience formidable. Allez sur Twitter et ouvrez un compte. Lancez-vous : bloguez ! Parlez à ceux qui foncent et observez comment ils le vivent. Sont-ils accrochés à une façon de faire ou slaloment-ils avec les changements ? Et quand vous sentez que vous perdez courage, pensez à ce que Charles Darwin, le célèbre naturaliste, déclara : « Ce n'est pas le plus fort de l'espèce qui survit, ni le plus intelligent. C'est celui qui est le plus apte au changement. »

Mères au travail : bientôt une norme

Il est énergisant de voir le modèle de travail traditionnel exploser, accordant aux mères des possibilités d'emploi plus attrayantes et plus souples. Bien sûr, avoir une carrière peut parfois être perçu comme un cours de survie, mais c'est aussi une belle aventure ! Pour vous faciliter la tâche, n'hésitez pas à demander de l'aide. Employeurs de soutien, mentors de confiance, et d'autres mamans qui travaillent détiennent la sagesse, la perspicacité, et les raccourcis qui peuvent vous permettre de moins courir et de profiter plus de la vie !

Index

Remerciements

Un merci plein de gratitude à l'équipe incroyablement talentueuse et prévenante de Weldon Owen, entre autres à Terry Newell, Roger Shaw, Elizabeth Dougherty et Katie Moore, qui ont fait de notre idée une réalité. Merci à Elizabeth Shaw et Abbie Tuller, qui ont peaufiné le texte, et à l'équipe de graphisme : Kelly Booth, Michel Gadwa, Conor Buckley et Marisa Kwek, qui ont fait de ce livre un bijou.

Merci aussi à Barbara Turvett du magazine *Working Mother* de nous avoir fait part de ses brillantes idées et intuitions, ainsi qu'à Ebby Antigua, Ryan Cline et Ilisa Cohen, qui en ont toujours fait plus. Merci également à India Cooper pour son regard perçant et à Lee Clower, un photographe que nous adorons. Nous voulons aussi exprimer notre profonde gratitude à Nishan Akgulian, qui a su transmettre dans ses illustrations tout ce que nous voulions exprimer. Et un merci tout spécial à Carol Evans, la présidente de Working Mother Media, qui nous a soutenues et a cru en la valeur de ce livre pour les mères qui travaillent.

Un merci retentissant à Paule Anne Kaziewicz de Walker Communications, qui nous a aidé à structurer notre sondage. Et merci aux mille et quelques mères au travail qui ont participé au sondage et offert leurs précieux conseils.

Merci aux membres de nos familles, aux amis et à tout le personnel de soutien.

Une immense merci de Suzanne à Wendy et Nancy, qui m'ont procuré leur appui indéfectible. Merci à mes merveilleux parents. Merci à mon mari de m'avoir encouragée et d'avoir cru en moi.

Et de la part de Teresa, merci à Mary O'Rourke, Kathy Reiper et Sharon Curley, qui n'ont jamais manqué de venir à ma rescousse. Merci à ma sœur Mar, dont la capacité de microgestion m'a quotidiennement tirée d'affaire. Merci à Mike, qui fait en sorte que la maternité soit pour moi un plaisir.

Merci à nos fils, Jack et Jay, car votre charme irrésistible fait de la « survie » un plaisir.

Catalogage avant publication de Bibliothèque et Archives nationales du Québec et Bibliothèque et Archives Canada

Riss, Suzanne

Maman au travail

Traduction de : Working mom survival guide.

ISBN 978-2-923708-69-0

1. Mères au travail - Habiletés de base - Guides, manuels, etc. 2. Travail et familles. I. Palagano, Teresa. II. Titre.

HQ759.48.R5714 2013   306.874'3 C2012-942036-0

Éditrice : Marie Labrecque

Traductrice : Annie J. Ollivier

Réviseure : Monique Thouin

Correcteurs : Sabine Cerboni et Émile Bournival

Maquettistes : Olivier Lasser et Amélie Barrette

© 2011 Weldon Owen Inc.

© 2012 Parfum d'encre pour la version française

Version française distribuée par : Messageries de presse Benjamin Inc.

Imprimé en Chine

Working Mother

Le magazine *Working Mother*, regroupe une communauté de plus de 2,2 millions de mères au travail. Il propose des articles fondés sur des expériences personnelles et professionnelles. Le programme des *100 meilleures entreprises* créé par *Working Mother* est devenu une référence dans le monde des affaires aux Etats-Unis et *Meilleures entreprises pour les femmes de toutes cultures* a retenu l'attention à l'échelle nationale pour les questions de genre, de race et de diversité en milieu de travail.

Suzanne Riss

Anciennement rédactrice en chef et éditrice du magazine *Working Mother*, Suzanne (à gauche) est une journaliste primée qui a 15 ans d'expérience dans le domaine rédactionnel féminin. Elle a occupé des postes de cadre au sein de nombreux magazines et détient une maîtrise en journalisme de l'Université Columbia. Durant ses cinq années en tant que rédactrice en chef à *Working Mother*, elle a reçu chaque semaine des centaines de questions de mères au travail.

Teresa Palagano

Ayant été rédactrice et éditrice pendant les 15 dernières années, y compris 8 ans au magazine *Working Mother*, Teresa (à droite) rédige régulièrement des articles sur l'éducation parentale, la santé et les problèmes liés au mode de vie. Journaliste primée, elle a occupé des postes de cadre dans de nombreux magazines nationaux. Teresa est très heureuse lorsqu'elle peut aider les mères qui travaillent à affronter les réalités parfois déroutantes de la maternité.

Michele Borba

Mère de trois garçons, Michele Borba est spécialisée dans le domaine de l'éducation des enfants, ainsi que psychologue en éducation. Elle collabore régulièrement à l'émission matinale *Today*. Auteure primée de 23 livres, elle vient de publier un ouvrage sur l'éducation (*The Big Book of Parenting Solutions: 101 Answers to Your Everyday Challenges and Wildest Worries*).